Tout l'univers de
Twilight

Loïs H. Gresh

Traduit de l'anglais (États-Unis)
par Maryline BEURY

City Edit

© **City Editions 2009 pour la traduction française.**
© 2008 by Loïs H. Gresh
Publié aux Etats-Unis par St. Martin's Press sous le titre *The Twilight Companion*

ISBN : 978-2-35288-245-9
Code Hachette : 50 6436 5

Couverture : davidpaire.com
Rayon : Jeunesse / document
Collection dirigée par Christian English et Frédéric Thibaud

Catalogue et manuscrits : www.city-editions.com

Dépôt légal : premier semestre 2009
Imprimé en France par France Quercy - Mercuès - N° 90392/

SOMMAIRE

Chapitre 1

Je t'en supplie, prends mon sang

Dans les trois premiers volumes de la série à succès de Stephenie Meyer *Fascination*, l'héroïne Isabella – dite Bella – Swan, cherche désespérément à se faire sucer le sang par le vampire Edward Cullen. Elle rêve d'être vampire avec lui, dans la jeunesse et l'amour éternels. Pour cela, il faut qu'Edward mélange son sang au sien, lui transmettant ainsi le don (ou la malédiction) du vampirisme.

Ce thème est présent dans de nombreux films et livres sur les vampires, mais il est abordé un peu différemment dans *Fascination*. Les Cullen, amis vampires de Bella, ne ressemblent pas beaucoup aux autres vampires que nous avons pu croiser, tout comme ses amis loups-garous ne s'apparentent que peu à ceux qui nous ont été présentés dans d'autres histoires. Car ces vampires et ces loups-garous ont une âme et une conscience, et ils se soucient des humains. Ils se refusent à tuer, et sont prêts à se sacrifier pour protéger ceux qu'ils aiment.

La plupart du temps, le suceur de sang ne donne pas vraiment dans la compassion. Il ne peut s'empêcher d'aspirer goulûment le maximum de sang à la gorge des belles jeunes femmes, des hommes ou des enfants – même si les vampires traditionnels semblent avoir une nette préférence pour le sang des jeunes filles. L'attraction est réciproque et le vampire peut alors s'emparer de l'âme de la victime incapable d'échapper à son emprise. Ceci est commun à tous les vampires, que ce soit le vieux et sinistre monstre tordu de *Nosferatu* en 1922 – dont je vous parlerai plus tard –, ou le suave et beau charmeur Bela Lugosi qui apparut dans la version de 1931 du *Dracula* de Bram Stoker.

Soyez rassurées, grâce à ce livre vous saurez bientôt tout sur les différentes sortes de vampires, et nous pourrons alors les comparer à Edward Cullen et à sa famille. Quels sont les points communs entre Edward, le comte Dracula et tous les vampires qui existèrent avant eux ? En quoi sa famille est-elle différente des leurs ? Du point de vue historique, les vampires et les loups-garous s'affrontent-ils comme dans *Fascination*, ou sont-ils amis ? Ce ne sont là que quelques-unes des questions auxquelles nous allons répondre dans ce guide.

Mais de toutes les questions qui se posent, la plus brûlante est certainement la suivante : pourquoi Edward Cullen est-il aussi attirant, sexy et désirable ?

Si vous rencontriez Edward en cours de biologie, à dix-sept ans, craqueriez-vous pour lui ? Si vous le croisiez à la cafétéria, seriez-vous instantanément fascinée ? Probablement. En tout cas, moi, oui ! Après tout, Stephenie Meyer ne dit-elle pas de lui que « sa beauté frôlait l'absurde[1] » ?

Quant à Bella, qui ne rêverait pas d'être à sa place ? C'est d'abord une jeune fille ordinaire, qui vient d'emmé-

---

1. Stephenie Meyer, *Fascination* (Hachette Jeunesse, 2005, Paris) p. 39.

nager dans une ville sinistre et paumée pour vivre avec
son père. Sa mère s'est remariée, et Bella sent que le
moment est venu de lui laisser un peu d'espace. Personnellement, je ne connais pas beaucoup de filles qui iraient
vivre avec un père quasi-inconnu juste pour laisser leur
mère refaire leur vie, mais Bella est une fille à part. Elle
déménage donc à Forks, dans l'État de Washington, où
il pleut constamment ; et dès son premier jour dans sa
petite école de campagne, voilà qu'elle tombe sur Edward
Cullen, un garçon incroyablement beau doté de la personnalité la plus intrigante qu'on puisse imaginer. Vous savez
comment c'est : vous repérez un garçon, il a un sourire de
rêve, et malgré son air timide, vous sentez bien que lui aussi
craque carrément pour vous. Vous faites connaissance, et
il s'avère que non seulement ce mec est raide dingue de
vous, prêt à baiser le sol que vous avez foulé, mais aussi
qu'il est attentif, compréhensif, gentil et merveilleux en
tous points. C'est Monsieur Parfait. Toutes les filles rêvent
de ce type, et toutes aimeraient donc être Bella, objet des
désirs d'Edward.

Monsieur Parfait

Nous rêvons toutes d'un homme qui nous fasse rire, nous
comprenne, nous pardonne nos défauts, et nous considère comme la fille la plus belle et la plus géniale du
monde. La plupart des filles ajouteraient sans doute que
Monsieur Parfait doit aussi être beau, ce qui, bien sûr, est
très subjectif (et heureusement).

People Magazine a dressé la liste des « 10 hommes
vivants les plus sexy » pour l'année 2007 :

1. Matt Damon, 37 ans, classé premier pour son humour, son style homme au foyer, et son attitude simple.

2. Patrick Dempsey, 41 ans, marié depuis huit ans (oui, oui, à la même femme !), et père de trois enfants. Le magazine ne mentionne pas pourquoi Dempsey a été plébiscité, mais on peut supposer qu'il y ait des valeurs communes avec Matt Damon. Le magazine précise qu'il estime que les yeux sont ce qu'il y a de plus séduisant chez une femme, ce qui suggère en lui une nature sensible et attentionnée.

3. Ryan Reynolds, 31 ans, figure apparemment sur cette liste pour ses atouts physiques : 1,86 m de muscles. Edward Cullen aussi est grand et musclé !

4. Brad Pitt, 43 ans, est décrit tout simplement comme beau.

5. James McAvoy, 28 ans, qui a joué dans le film *Atonement*, où il incarnait un personnage amoureux fou de sa fiancée, d'elle et d'elle seule, pour toujours et à jamais. Lui aussi a donc un point commun avec Edward.

6. Johnny Depp, 44 ans, qui tirerait son charme de son côté original et détaché de ce que les autres peuvent penser de lui et de sa vie. Il est aussi décrit par le magazine comme un bon père de famille.

7. Dave Annable, 27 ans, représenté en train de câliner un adorable chien.

8. Will Smith, 39 ans, symbole du parfait père de famille, amoureux exclusif et éternel de l'élue de son cœur.

9. Javier Bardem, 38 ans, possède une « intensité séduisante ».

10. Shemar Moore, 37 ans, ex-mannequin, qui prétend que son sex-appeal est principalement dû à sa coupe de cheveux, à ses fringues et à son bronzage.

Ce qui frappe dans cette liste, c'est qu'ils sont tous beaucoup plus vieux qu'Edward Cullen, ce qui veut dire que les femmes interrogées ne sont probablement pas des lycéennes comme Bella. Il se peut qu'un père de famille de 44 ans semble sexy à une mère de plus de 30 ans, et même qu'un bel homme de 30 ou 40 ans passés, star du cinéma et dévoué à sa famille, représente le top du sexy pour une femme dans les mêmes âges.

Mais où sont donc les jeunes dans cette liste ? Passons en revue quelques jeunes hommes stars de cinéma, et voyons s'ils nous semblent aussi séduisants qu'Edward Cullen. Tout d'abord, Daniel Radcliffe, 18 ans, héros des films *Harry Potter*. Vous attire-t-il plus qu'Edward ? Je devine que non. Edward, lui, a ces muscles, ce sourire, ces yeux, et toute cette passion qui flotte autour de lui. Vient ensuite un garçon nommé Emile Hirsh, 22 ans, qui a notamment joué dans *Une fille comme les autres*. Il est vraiment mignon, mais, une fois de plus, Edward Cullen est bien plus sexy. Il y en a d'autres, bien sûr. On peut penser à Leonardo di Caprio, mais il a maintenant 32 ans, ce qui le met hors compétition avec notre Edward de 17 ans (même s'il est né en 1901, et qu'il a fêté ses 104 ans en 2005, à la sortie du premier *Fascination* !) En termes de stars du ciné, il n'est pas facile de trouver quelqu'un qui ressemble, agisse et pense comme Edward Cullen.

Edward *est* Monsieur Parfait.

Un candidat évident pour cette liste d'hommes sexy serait le magnifique Robert Pattinson, qui (au moment où j'écris ces lignes) est pressenti pour le rôle d'Edward dans le film *Fascination*, bientôt sur nos écrans. Né en 1986, Pattinson est un acteur anglais aux cheveux cuivrés et aux yeux noisette, que l'on pourrait aisément embraser à l'aide de simples lentilles de contact.

Bella se fait de nombreux amis, dont un qui lui court constamment après, Mike Newton. Mike est un garçon mignon et sympa, aux petits soins pour elle, mais Bella ne sait pas trop comment se comporter avec lui, car elle voit bien qu'il est très attiré par elle (elle pas du tout), et elle ne veut pas le blesser.

Nous savons toutes comme il est difficile de dire non à un garçon sans lui faire mal. Quand j'étais en troisième, un garçon m'invita à un bal de promo. Je fus très choquée, car je ne le connaissais pas du tout ! Je n'avais jamais rêvé de lui, ou voulu apprendre à le connaître. Notre conversation fut donc des plus limitées :

— Dans tes rêves, je réponds.

— (rire niais).

Et voilà, terminé ! Je finis quand même par lui donner une excuse quelconque pour ne pas aller à ce bal de promo. Quand on est au collège ou au lycée, ce n'est pas grave de se prendre un râteau, tant que c'est fait gentiment. Les mecs passent rapidement à autre chose, ils ne vous détesteront pas pour autant – parfois, ils se souviendront même à peine de vous !

De la même façon, Mike n'a pas de rancune envers Bella, même si elle l'a éconduit. Bien qu'il se languisse pour elle, elle le considère comme un ami, et les choses fonctionnent ainsi.

Bella est un personnage formidable : c'est une fille toute simple, comme vous et moi, avec de grandes qualités de cœur. Elle est attentive, bienveillante, loyale et dévouée. S'il en fallait encore, on pourrait dire qu'elle est aussi très intelligente. Alors, franchement, qui n'aimerait pas être Bella ?

Ce livre est écrit par une fan de *Fascination*, à l'intention des autres fans. Je suppose que vous avez déjà lu les trois premiers livres de l'incroyable saga de Stephenie Meyer, *Fascination, Tentation* et *Hésitation*. Je suppose encore que le temps que ce livre soit publié, vous aurez aussi lu le quatrième volume de la série. J'ai tellement hâte de découvrir si Edward réalise enfin le rêve de Bella – être un vampire et vivre avec lui éternellement. À moins qu'il ne trouve un moyen de devenir un simple humain de dix-sept ans, et qu'ils puissent vivre heureux ensemble, même si ce n'est pas pour l'éternité. Je crève d'envie de le savoir enfin (si l'on peut s'exprimer ainsi quand on parle de vampires !).

Mais d'autres sujets m'interpellent. Par exemple, en lisant les trois premiers volumes de la saga *Fascination*, et le premier en particulier, je me suis demandé ce qui nous rendait si dingues de ces garçons ? Pourquoi ne peut-on résister à ces yeux mordorés et à ces gros muscles ? Pourquoi est-il si important que nous nous sentions uniques pour nos hommes ? Souvenons-nous qu'Edward a déjà vécu plus de cent ans et qu'il n'est jamais tombé amoureux – du moins, pas avant de rencontrer Bella Swan. Stephenie Meyer nous pousse à nous demander ce que Bella peut bien avoir de spécial pour Edward. Ce livre va plonger au cœur de ces questions, en vous guidant dans l'univers des vampires, pour découvrir si les vampires ont toujours eu ce genre d'attitude avec les filles, ou bien si Edward est le seul à tomber vraiment amoureux.

Nous nous pencherons aussi sur les vampires eux-mêmes, et pourquoi ils plaisent tant aux femmes depuis des lustres. Personnellement, je pense que nous sommes davantage captivées par leur image que désireuses de nous faire sucer le sang ! Mais honnêtement, il faut bien convenir que la question reste valide. Depuis Bela Lugosi dans le *Dracula* de 1931, les femmes adorent les films et les livres de vampires, et il doit bien y avoir une raison à cela. C'est aussi ce que nous allons essayer de comprendre.

Si vous tombez amoureuse d'un vampire, aucun livre ne vous indiquera la marche à suivre. Ni votre mère, ni votre père ne pourront vous conseiller. Aucun guide n'explique à la fiancée du vampire ce qu'elle est censée faire, comment se conduire avec sa belle-famille, si elle peut avoir des enfants, etc. Si votre vampire chéri vous fait un enfant, il n'existe pas de manuel de pédiatrie adapté à l'éducation d'un bébé vampire. Peut-on emmener son bébé à la crèche sans mettre en péril toute la troupe de marmots ? Enfin, les bébés vampires boivent-ils du lait, ou un bon régime de sang seul suffit-il à fortifier leurs os et leur cerveau ?

COMBIEN UN VAMPIRE DOIT-IL BOIRE DE SANG POUR RESTER EN VIE ?

Après avoir bu le sang d'une jeune femme, un vampire normal est si repu qu'il est au bord du malaise. En effet, le sang d'une jeune femme en bonne santé est très nutritif, et calorique.

Imaginons que notre vampire ait le corps et le métabolisme d'un garçon de 17 ans, comme Edward Cullen. Imaginons encore qu'il pèse 75 kg pour 1,80 m, pour faire simple. Il court dans la forêt toutes les nuits, il soulève des voitures : notre vampire est en pleine forme, et, comme Edward, il est bien musclé, avec un niveau d'activité élevé. S'il était humain, il aurait besoin d'environ 3 200 calories par jour.

Bien. Imaginons maintenant que notre vampire ait le

corps et le métabolisme d'un homme de 100 ans, comme le Nosferatu de 1922. Dans ce cas, pèserait seulement 64 kg pour 1,75 m. Il est mince, mais en bonne forme pour quelqu'un de son âge. Peu de muscles ornent son corps de vampire. Son niveau d'activité est plutôt bas, car il passe la plupart de son temps dans son château, à boire du sang dans des bouteilles de vin et recueilli sur des petits animaux. Il meurt d'envie de boire le sang frais d'une jeune fille, au point de traverser tout un océan dans un cercueil pour retrouver la femme d'une de ses connaissances. Même vaguement humain, il faudrait à ce type au moins 1 200 calories par jour.

Dans les deux cas, nous devrions ajouter des calories vampiriques aux calories humaines que nous venons de calculer. Par exemple, quand un vampire se transforme en chauve-souris, en loup ou en brume, cela doit nécessiter beaucoup d'énergie. Je n'ai pas connaissance d'étude médicale qui aurait établi les besoins en calories des créatures capables de métamorphose, nous sommes donc là en terrain inconnu. Admettons qu'un vampire ait besoin de 1 200 calories pour passer de l'état d'humain à celui de chauve-souris, loup ou brume, et peut-être d'encore autant pour revenir à sa forme initiale. Nous obtenons un total de 2 400 calories.

Le jeune vampire viril a donc besoin de 3 200 + 2 400 calories par jour, soit 5 600. Le vieux vampire genre Nosferatu, quant à lui, a besoin de 1 200 + 2 400 calories par jour, soit 3 600 au total.

Un individu moyen possède environ 5 litres de sang dans son corps. Si vous donnez une pinte de sang, vous faites don d'environ 473 millilitres. Si vous vous évanouissez – ce qui m'est arrivé en donnant le mien –, méfiez-vous des vampires ! Ils vous en prendraient bien plus que l'équivalent d'une pinte ! Il est incroyable que leurs victimes féminines ne perdent alors pas conscience.

Selon la Mayo Clinic, la personne qui donne une pinte de son sang perd environ 650 calories. Note à l'attention des lectrices qui font un régime : ne donnez pas votre sang pour perdre du poids ! Ce n'est pas le sang qu'il faut éliminer de votre corps (sinon, prenez un petit ami vampire !), mais l'excès de graisse. À quoi vous servirait un corps gras et vide de sang ?

Il ne nous reste plus qu'à faire un rapide calcul pour savoir combien de personnes par jour un vampire doit sucer jusqu'à la moelle pour avoir sa dose.

Donc, si une personne normale a 5 000 millilitres de sang dans son corps, et que chaque portion de 473 millilitres contient 650 calories, alors :

5 000 : 473 = 10,57.

10,57 x 650 calories = 6 870,50 calories de sang dans un corps humain moyen.

C'est assez pour un vampire comme Edward, qui doit avoir besoin d'environ 5 600 calories par jour, mais cela représente un vrai festin de Noël pour un vieux machin comme Nosferatu.

Je suppose que les ours ont beaucoup plus de sang que les humains ; on peut donc imaginer que si un vampire se tape un ours de temps en temps, ses batteries doivent être rechargées pour un moment. Par conséquent, un vampire de la famille Cullen doit certainement pouvoir rester un certain temps sans avoir besoin de drainer une petite humaine.

Au-delà de tout cela – ce qui n'est déjà pas rien –, si Bella et Edward continuent à former un couple, comme elle le désire si ardemment, il va lui falloir apprendre à protéger son homme. Là encore, aucun guide sur la santé des vampires, pas plus que d'Association pour la Sauvegarde des Vampires ou de Croix Rouge pour eux (il serait d'ailleurs drôle qu'ils aient leur propre Croix Rouge !). Il est clair qu'aucune compagnie d'assurance ne se risquerait à couvrir les soins dentaires d'un vampire. Donc, si vous vous éprenez d'un vampire, il vous faudra quelques instructions pour le protéger des croix et autres crucifix, de l'ail, de l'eau bénite, et bien sûr des fameux pieux de bois. Vous devrez apprendre à coudre des capes noires, ou tout au moins savoir où les acheter – sauf si votre cher et tendre, tout comme Edward, décide de ne pas en porter.

Nous n'avons jamais vu Edward dormir dans un cercueil, mais il est fort possible que votre vampire à vous aspire à s'équiper d'un cercueil de luxe, ou même d'un modèle simplement confortable. Quoi qu'il en soit, souvenez-vous que son cercueil devra peut-être lui servir des centaines d'années !

Ensuite, les chauves-souris : il vaudrait mieux vous y habituer rapidement, sachant que vous pourrez régulièrement en voir quelques flopées tournoyer autour de votre tête. Sans parler des loups hurlant à la mort sous vos fenêtres tout au long de votre vie. Une autre habitude à prendre.

Ce sont quelques-uns des sujets auxquels je pensais en lisant la saga *Fascination*. Je me disais : « Pauvre Bella, amoureuse d'un vampire… Si Edward ne la transforme pas à son tour en vampire, elle va devoir affronter ces trucs bizarres en permanence. »

Mais si Edward fait d'elle un vampire dans le quatrième livre, ce sont des choses d'une tout autre nature qu'elle va devoir subir. Que se passe-t-il vraiment quand on devient vampire ? Nous essaierons également de répondre à ce genre de questions.

Je ne fais pourtant qu'effleurer tous les sujets de cet ouvrage, il y en a tant d'autres ! Des choses comme : si vous êtes Bella et que votre homme est Edward (ici, vous pouvez mettre votre prénom et celui de votre petit ami, en imaginant que celui-ci est vraiment un vampire), comment survivrez-vous aux fêtes de Pâques et de Noël dans sa famille ? Et Halloween ? Êtes-vous vraiment prête à renoncer à vos vacances préférées pour être avec ce garçon ?

Autre question : comment le Dr Cullen peut-il concilier son métier de médecin avec sa nature de vampire ? Il est difficile d'obtenir et de conserver le droit d'exercer cette profession, pour laquelle le gouvernement exige des tonnes de paperasses et de validations. Le Dr Cullen est né vers 1640, et fut nommé médecin peu après être devenu vampire. À mon avis, si le bonhomme se pointait à l'hôpital du coin en 2008 pour demander du boulot, il susciterait une certaine méfiance dans le milieu médical.

En tant que fan de la saga *Fascination*, vous n'êtes pas sans savoir qu'il n'y a pas que des vampires dans ces histoires. Il y a aussi Jacob, le loup-garou. Et sa famille entière est comme lui.

Jacob est le meilleur ami de Bella. Il est très présent auprès d'elle dans les moments difficiles, par exemple lorsqu'Edward la quitte pendant une interminable période. Bella avoue aimer Jacob, mais pas de la façon romantique dont elle aime Edward. Jacob, et parfois Edward lui-même, viennent à penser que c'est lui qui est fait pour Bella. Pour compliquer encore les choses, il s'avère que dans *Fascination*, les vampires et les loups-garous sont ennemis.

Je me demande bien pourquoi Bella est plus attirée par les monstres que par les humains. À qui le tour, après ça ? Un jeune Frankenstein va-t-il débarquer à Forks et s'en faire une copine ?

Dans le véritable folklore, les loups-garous sont bien différents de Jacob et de sa famille, tout comme les vampires ne ressemblent guère à Edward et aux siens. Tous ont besoin de sang humain, et sont contraints de choisir des proies dans leur entourage. La légende raconte qu'une morsure de loup-garou transforme la victime en loup-garou, et que la plupart du temps, ils mordent pour tuer et cannibaliser leur proie. Sympathique, non ? Il est difficile de s'imaginer tomber amoureuse ou être amie avec des créatures qui, à la tombée de la nuit, attaquent hommes, femmes et enfants pour les engloutir. Mais dans *Fascination*, vampires et loups-garous sont représentés davantage comme des humains que comme des monstres.

Par conséquent, si vous êtes fan des livres de Stephenie Meyer, vous êtes au bon endroit. Vous trouverez ici les réponses à toutes les questions brûlantes que vous vous posez sur les vampires et sur Edward, sur les loups-garous et sur Jacob, et sur ce qui conduit des filles comme Bella à les aimer.

CHAPITRE 2

VAMPIRES SEXY :
BEAUX, FORTS ET IMMORTELS...
COMMENT NE PAS LES AIMER ?

Un violon sur le toit est une vieille comédie musicale, où chaque fille trouve le mari qu'il lui faut par l'entremise d'une faiseuse de mariages. Cette entremetteuse est une vieille femme dont la vie consiste à convaincre des parents de marier leur fille aux hommes qu'elle choisit. Je l'imagine tout à fait dire : « Écoute Charlie, ce garçon a de la fortune, il prendra soin de ta Bella. De plus, il est beau, intelligent, et il l'aime. Que demander de plus ? »

Bien sûr, ce Charlie est le père de Bella Swan, chef de la police de Forks. Renée, la mère de Bella, quitta autrefois cette petite ville et son mari avec son bébé sous le bras, pour s'installer à Phoenix, en Arizona, où Bella grandit. Ma grand-mère s'appelait Rena, ce qui ressemble beaucoup à Renée, et bizarrement, j'avais aussi un oncle Charlie. Si j'avais grandi dans la maison de ma grand-mère Rena, puis déménagé avec mon oncle Charlie à l'époque du lycée, peut-être aurais-je aussi fait la connaissance d'un beau garçon comme Edward, et sympathisé avec une famille de vampires ! C'est peu probable, d'accord, mais la similitude entre les noms est un peu troublante, non ? Bien sûr, je ne m'appelle pas Bella, ni Donna, ni Belladonna, juste Lois. Mais d'un autre côté, quand je me suis mariée – bien après le lycée, bien sûr –, tous les hommes de la famille de mon mari s'appelaient Jake, qui est le diminutif de Jacob. Je ne plaisante pas. Il y avait un Jake senior, Jake junior, Jake III et Jake IV, et même un oncle Jake. Et tous ces Jacob étaient de la famille proche. Excusez-moi une minute, je vais vérifier si je n'ai pas de traces de morsure dans le cou.

(pause)

Ok, tout va bien. Désolée de vous avoir fait attendre, mais avec autant de parallèles entre les noms de la famille et des amis de Bella et les miens, j'avais besoin de me rassurer.

Forks, Washington

Forks, dans l'État de Washington, est une ville qui existe vraiment, à la croisée de plusieurs rivières comme la Quillayute et la Bogachiel River. Pendant un temps, l'industrie du bois de charpente y était florissante, mais l'emploi y est désormais principalement cantonné au domaine pénitentiaire. On estime à 5 % le nombre d'Américains natifs à Forks. Malheureusement, un cinquième de sa population serait dans le dénuement, et plus d'un quart des moins de 18 ans vivraient sous le seuil de pauvreté. Pour Bella, posséder son propre véhicule, même un peu rouillé par endroits, c'est donc déjà beaucoup, surtout dans une ville comme Forks. Il est d'autant plus étrange pour des vampires aisés de s'y être installés, et d'y rouler dans de belles voitures qui dénotent dans le paysage. Autre question cruciale : pleut-il vraiment toujours à Forks ? Eh bien oui, le temps y est presque toujours couvert et pluvieux, à tel point que le festival annuel de la municipalité y est surnommé « la fête de la pluie » !

Nous savons que Bella habite à Forks, où le lycée compte désormais 358 élèves. Il est clair que c'est un petit établissement. Dans mon lycée, nous étions environ 700 à mon niveau, et presque 2 000 tous niveaux confondus. Dans celui de mes enfants, il y avait entre 150 et 240 élèves pour tout l'établissement. Le lycée de Forks est juste un peu plus grand que celui de l'endroit où je vis actuellement.

Mon lieu de résidence ressemble aussi un peu à Forks. Ciel couvert, pluie abondante, tempêtes de neige… Un vrai régal !

Considérant tous les points communs que j'ai avec la famille de Bella, jusqu'à la ressemblance entre mon village et Forks, je me demande comment il se fait que je n'aie pas encore rencontré de créature immortelle !

Il faut vraiment que je surveille mon cou.

Dans toutes les petites villes, que ce soit à Forks ou ailleurs, les gens se connaissent tous entre eux, de génération en génération. Les ragots y vont bon train, et les vieilles rancœurs se transmettent à travers les âges. Même si elles n'abritent pas de loups-garous nourrissant une haine des vampires, cette ambiance lugubre des petites bourgades que décrit Stephenie Meyer est tout à fait exacte. Cette atmosphère contribue non seulement à rendre son roman si intense, vivant et réaliste, mais également à nous faire croire qu'Edward et Bella existent !

C'est au lycée que Bella aperçoit pour la première fois la famille vampire. Les garçons sont tous superbes, et les filles aussi. En fait, la famille Cullen dans son intégralité est si splendide que Bella ne peut s'empêcher de les regarder. C'est un fait commun dans tous les films de vampires : ils sont si beaux que les humains ne peuvent en détacher leur regard.

À ce stade, bien sûr, Bella ne sait pas encore que les cinq enfants Cullen sont des vampires, même s'ils ont tous un teint d'albâtre et des yeux sombres cernés de mauve. Pour elle, ils ont des visages d'anges. Je n'avais jamais imaginé les anges avec des yeux cernés, mais je les vois bien avec des expressions d'une grâce impalpable, et un teint de porcelaine.

Il y a avant tout Edward, magnifique avec ses yeux émeraude et sa chevelure cuivrée. Sa beauté est telle qu'elle évoque parfois à Bella le David de Michel-Ange.

J'ai eu l'occasion de voir la statue de David au musée de l'Academia à Florence, en Italie. Le moins qu'on puisse dire, c'est que même pour une statue, le physique de David est impressionnant. Une sorte de perfection. De nombreux experts prétendent que le David est la statue de pierre la plus admirable jamais créée. C'est le symbole de la jeunesse et de la beauté par excellence.

Si Edward a des airs de David, c'est qu'il touche au divin. La statue de Michel-Ange, celle que j'ai pu voir à Florence fut commandée en 1501 par la République florentine. Vous vous rappelez peut-être que David était ce héros biblique qui vainquit un géant nommé Goliath. En 1504, Michel-Ange termina cette statue monumentale, un David nu au physique de dieu grec. Ses muscles sont forts et tendus, et son visage plein de beauté et de tension.

Alice Cullen, sœur vampire d'Edward, devient un personnage important et une amie de Bella. Née en 1901, elle fut internée dans un asile de fous avant de devenir vampire. Elle est pâle et petite, avec des cheveux noirs plein d'épis et la grâce d'une danseuse professionnelle. Dans le film *Twilight*, elle est incarnée par l'actrice de 21 ans Ashley Greene. Imaginez une belle jeune fille aux cheveux de jais et aux yeux dorés... dur de croire à tant de beauté, n'est-ce pas ? Et maintenant, ajoutez-y le charme d'une capacité de mouvement tout en grâce et en rapidité, sans le moindre effort apparent. Vous obtenez l'image d'une fille si fascinante qu'aucun garçon ne pourrait lui résister.

Emmett Cullen, un autre des vampires de la famille, est extrêmement grand, musclé et athlétique. Il mesure 1,95 m, a des fossettes, des yeux d'or et le teint pâle. Avec ce physique, Emmett pourrait facilement être le héros de sa propre saga, à mon avis !

Il y a aussi Jasper, joué par l'acteur de 23 ans Jackson Rathbone, qui est aussi très grand et baraqué, avec les mêmes yeux dorés que le reste de la famille. Et enfin Rosalie, si outrageusement belle que même les autres vampires ne supportent pas la comparaison avec elle. C'est Nikki Reed, 22 ans qui joue son rôle dans le film. Prenez une de ces blondes au physique de déesse et imaginez-la particulièrement svelte, grande et élancée, pleine de grâce et de classe, dont les yeux dorés seraient parfaitement assortis à ses cheveux mi-longs. J'ai beau penser à la plus belle blonde que j'aie pu voir pendant mes années de lycée, toute sa splendeur n'est rien comparée à la description que Stephenie Meyer nous fait de Rosalie.

Si Rosalie avait été dans mon lycée, c'est d'elle que tous les garçons auraient été dingues.

LA PLUS BELLE FEMME DU MONDE

Nous avons parlé auparavant des dix hommes vivants les plus sexy – tout du moins selon *People Magazine* –, et nous les avons comparés à Edward. Jetons maintenant un coup d'œil du côté des soi-disant femmes les plus sexy, et voyons ce que donne la comparaison avec les filles Cullen.

Esquire Magazine, qui s'adresse aux hommes, a proclamé Charlize Theron femme la plus sexy de l'année 2007. Comme Rosalie Cullen, Charlize est grande et blonde.

Glamour Magazine, qui s'adresse cette fois aux femmes, a lui élu la grande et blonde Scarlett Johansson, mais aussi la brune Jessica Alba, le top-modèle Gisele Bundchen, la star de la série télé *Friends* Jennifer Aniston, et bien sûr l'incontournable Angelina Jolie, qui rafle toutes les médailles dans les palmarès masculins des femmes les plus sexy. D'autres mannequins, mais aussi des chanteuses comme Beyonce ou Jennifer Lopez, figurent sur la liste de *Glamour*.

Eh, mais où est donc Kristen Stewart dans ce classement (la candidate pour le rôle de Bella Swan au cinéma au moment où j'écris ces lignes) ? Cheveux bruns, yeux verts : elle est tout simplement époustouflante. Je me suis toujours figuré Bella comme plutôt ordinaire, mais j'aime l'idée qu'elle soit aussi belle que Kristen Stewart.

Ce qui crée la beauté est un sujet qui nous préoccupe beaucoup, nous les filles. On nous dit tout le temps que c'est la personnalité qui compte, et il est vrai que le choix des hommes les plus sexy révèle qu'ils ont été choisis pour quelque chose de plus que leur look. La plupart des hommes sur cette liste sont des pères de famille qui se revendiquent amoureux de leur femme ; ils sont sensibles, doux – bien qu'un peu machos sur les bords –, et, c'est vrai, plutôt pas mal physiquement.

Mais il semble que nous, les filles, soyons jugées sur d'autres critères, quels que soient les discours qu'on ait pu tenir sur la fameuse beauté intérieure. On voit que les filles qui ont été choisies sont littéralement des mannequins ou des incarnations du glamour. Qu'elles soient fidèles à leur mari ou de bonnes mères n'entre pas en jeu dans cette compétition.

Le modèle est donc ambivalent, ce qui déroute beaucoup de jeunes filles, mais fort heureusement nous savons bien que ce qu'il y a à l'intérieur compte davantage que l'apparence. Et la plupart des garçons préfèrent la compagnie d'une fille sympa comme Bella que celle d'une espèce de bombe sexuelle sans cervelle ou mal élevée.

Alors mettez-vous bien ça dans la tête, les filles, car c'est vrai : votre mec vous aimera pour ce que vous êtes, pas pour votre look.

En tout cas, il faut bien admettre que des déesses vampires du genre Rosalie ou même Alice battraient à plate couture nos pauvres petites humaines, fussent-elles une Scarlett Johansson ou une Jennifer Lopez.

Cette première présentation de la famille Cullen nous montre des vampires quelque peu différents de ce que l'on peut voir dans les films. Bien souvent, l'homme vampire a des yeux de braise, qui virent au rouge quand il s'en prend à ses victimes. Il n'a en revanche pas de cernes violacés sous les yeux, et n'apparaît que rarement épuisé. J'exclus le type de vampire sous sa pure forme de chauve-souris, flétri et noueux, plus proche du cadavre de ce petit mammifère que d'un vampire digne de ce nom. Il ne peut alors y avoir de cernes sous leurs yeux, leur visage entier étant déjà un hématome géant à lui seul !

Lorsque Bella se retrouve assise près d'Edward pour son premier cours de biologie, elle remarque que ses yeux sont presque noirs. Plus loin dans le roman, elle les décrit couleur bronze. Ceci est bien en phase avec le regard du vampire standard : noirs quand il a soif, et incandescents, hypnotiques, d'une couleur bronze cuivrée lorsqu'il boit le sang et s'en délecte.

DES YEUX DE VAMPIRES

Dans la plupart des histoires, les yeux du vampire brillent d'une intensité féroce et sont riches en couleurs. Le contraste avec leur peau claire leur donne une brillance qui attire l'attention des humains. Dans *Les Chroniques des vampires* d'Anne Rice[1], par exemple, le vampire Louis a des yeux verts, très vifs. Ceux de Lestat tirent sur le gris, mais ils peuvent absorber les couleurs et tourner à un bleu ou à un violet très intense. Comment ne pas être fasciné !?

Les yeux de Bela Lugosi, tout comme ceux de Nosferatu, sont très sombres et virent au rouge lorsque le vampire veut du sang ou qu'il finit de se repaître. Il en

---

1. *Les Chroniques des Vampires* d'Anne Rice constituent une série de romans débutant en 1976 avec le fameux *Entretien avec un vampire*.

est de même pour Edward, à ceci près que les siens ne deviennent pas vraiment rouges, mais plutôt comme du bronze en fusion. En ce qui me concerne, je trouve qu'un regard de bronze incandescent est plus attirant, sexy et passionné que des yeux rouges brillants. .

Les yeux des vampires ont généralement un pouvoir hypnotique. Dans le film original *Dracula* de Bram Stoker, Bela Lugosi sort de son cercueil, tourne la tête et fixe le pauvre Jonathan Harker qui espère le tuer. Au lieu de quoi, Harker succombe à l'hypnose du regard de Dracula.

Nous savons tous que lorsqu'un vampire mord une jeune fille, elle se retrouve à tout jamais sous son emprise. Il peut certes utiliser ses yeux pour lui dicter sa conduite, mais il peut aussi l'appeler mentalement de très loin, et elle se lèvera alors comme un zombie, quittera sa chambre pour marcher dans la nuit noire et se jeter dans les bras de son suceur de sang.

Avant Bela Lugosi, les vampires n'avaient pas forcément des yeux incandescents et hypnotiques. Varney le Vampire[1], dans les années 1800, n'hypnotisait personne, pas plus que le vampire féminin Carmilla[2], qui séduisait les hommes pour pouvoir leur mordre le cou.

Mais Bela Lugosi mit la barre plus haut pour tous les vampires qui allaient lui succéder. Si vous n'avez pas vu le film de 1931, il faudra absolument vous le procurer. Regardez de quelle façon les yeux de Lugosi fixent la caméra, hypnotisant ainsi non seulement ses victimes, mais aussi le public de toutes les décennies qui allaient suivre.

---

1. *Varney the Vampire : or the Feast of Blood*, écrit par James Malcolm Rymer vers 1840. À l'époque, le vampire avait déjà le teint pâle, de longues dents, de longs ongles et surtout des yeux brillants, qualifiés de métalliques.
2. *Carmilla*, nouvelle écrite en 1872 par Sheridan Le Fanu.

La voix d'Edward est mélodieuse, comme le sont celles de la plupart des vampires que nous voyons dans les films. Elles sont douces, charmantes, avec une élocution presque lyrique. Bella trouve également que les lèvres d'Edward sont d'une beauté parfaite. Beaucoup de lèvres de vampires sont pâles et minces, ou barbouillées de rouge comme après une orgie de sang. Tout cela doit dépendre de leur appétit, je suppose. Quoi qu'il en soit, les lèvres des vampires ne sont généralement pas leur plus bel atout.

Lorsqu'un vampire touche une fille, c'est comme si une décharge d'attraction sexuelle la traversait de haut en bas. C'est tout à fait le cas avec Bella, qui ressent l'intense voltage de l'attraction physique chaque fois qu'Edward la touche. Les vampires utilisent ce trait commun pour attirer leur victime. Les yeux, le charme mélodieux de leur voix, le toucher électrique : tout cela est typique des vampires et explique pourquoi nous les trouvons si irrésistibles et sexy.

Il y existe donc bel et bien un charme que les vampires exercent sur nous autres, pauvres femmes mortelles, et qui nous hypnotise littéralement – tout comme les vampires féminins séduisent les hommes, les attirant par leur grande beauté et leurs regards captivants jusqu'à ce qu'ils tombent dans leurs filets.

Pour ce qui est de la beauté, certains vampires sont charmants et mielleux, comme le comte Dracula joué par Bela Lugosi ou, plus récemment, des vampires comme Louis de Pointe du Lac et Lestat de Lioncourt, respectivement incarnés par Brad Pitt et Tom Cruise dans le film de Neil Jordan *Entretien avec un Vampire*, en 1994. À l'inverse, d'autres peuvent être répugnants, tel le Nosferatu interprété par l'abominable Max Schrek dans le film original, et recréé par William Defoe en 2000 dans *L'Ombre du*

Vampire. Un autre Dracula repoussant est joué par Gary Oldman dans le remake de 1992 appelé *Bram Stoker's Dracula*. Dans ce film, Dracula se montre tour à tour charmant et immonde. Le Dracula de Lugosi était lui un vrai charmeur, mais il était d'un âge moyen – rien à voir avec notre jeune et magnifique Edward. Pour les critères d'aujourd'hui, il n'était pas vraiment beau, pourtant, il séduisait énormément les personnes de sa génération.

Naturellement, les dents des vampires sont parfaites et ultrablanches, à moins qu'il ne vienne juste de prendre son dîner de sang. Il semble qu'ils n'aient jamais de caries, de dent dévitalisée, cassée ou manquante. Je me demande si les problèmes dentaires disparaissent lorsqu'on devient soudain vampire. Typiquement l'un de ces mystères de vampires qui me taraudent depuis toujours.

Celles d'Edward, bien sûr, sont impeccables et d'un blanc étincelant. Comme tous les vampires, il a une dentition parfaite malgré le fait qu'il soit mort il y a bien longtemps… bien avant que les hommes n'aient accès à de véritables soins dentaires.

Nous avons donc établi le fait qu'Edward est un canon, et que Bella en est bien consciente. Quand je repense à tous les garçons que j'ai eus dans ma classe, et ça en fait des paquets, aucun ne pourrait le concurrencer ! Bien sûr, quelques-uns étaient vraiment beaux et très populaires – comme dans toutes les écoles –, mais un seul d'entre eux avait-il ce regard caramel, ces cheveux cuivrés, ce teint pâle, ce sourire parfait et ce toucher électrique ? Aucun, jamais. (Je précise que je ne veux pas dire par là avoir touché tous les play-boys de mon lycée !)

Les vampires sont souvent beaux dans leur genre, mais ils sont tous super forts. Je veux dire qu'ils ont les muscles et la rapidité des super héros. Ils ont le pouvoir de voler et de courir si vite qu'on ne les voit même pas passer. Leur étreinte peut écraser un homme. Dans le cas d'Edward, non seulement il est capable de courir à la vitesse de la lumière et de soulever des voitures, mais il le fait pour sauver la vie de Bella. Elle le décrit souvent comme doté des muscles d'un dieu. Vous l'imaginez dans un stade ? Ou soulevant des poids dans un gymnase ? Il pourrait être un nouveau Monsieur Olympia comme Arnold Schwarzenegger, qui remporta sept fois le titre mondial de bodybuilding ! En fait, même au moment où Arnold était l'homme le plus fort du monde, en 1970, il n'aurait jamais pu battre Edward Cullen.

Beaucoup de filles aiment les garçons beaux et forts, même si la plupart sont assez sensées pour vouloir surtout un mec sympa et intelligent. Personnellement, il m'importe peu que mon homme soit capable de soulever un camion si c'est un pauvre type sans cervelle ni personnalité. Bien sûr, si Conan le Barbare débarquait, j'aurais un peu de mal à l'envoyer balader. Superbement incarné par Arnold Schwarzenegger à l'écran, Conan le Barbare fut créé par Robert E. Howard en 1932. Son personnage apparut d'abord dans de nombreuses histoires publiées dans un magazine du nom de *Weird Tales*. J'ai lu pas mal de livres et de bandes dessinées sur lui, et les films de Conan avec Arnold, bien qu'un peu kitch, font partie de mes préférés.

À la différence de nombreux vampires, Edward est extrêmement sympathique et doté d'une personnalité parfaite. Il est gentil, compatissant, affectueux, démonstratif et fidèle. Et comme tous les vampires, il est très intelligent.

Tout cela fait de lui un garçon excessivement sexy, qui a juste la particularité d'être un vampire immortel.

Du fait de cette immortalité, une fille n'aura pas à s'inquiéter de savoir si son vampire d'homme est mort à la guerre ou s'il est tombé d'une falaise, la laissant seule à tout jamais. Non, en fait, elle va juste se retrouver coincée avec lui pour l'éternité. Littéralement, pour l'éternité. Il ne la quittera jamais, car quand ce vampire aime, c'est pour toujours. Avec un taux de divorce frôlant les 50 % chez les humains, espérons que Bella et Edward s'entendront vraiment bien. Même les mortels, qui peuvent rester dix, vingt ou cinquante ans ensemble, ont des passages difficiles… Imaginez être mariés jusqu'à la fin des temps !

Alors oui, Edward boit du sang, il vit du sang et tue des gens. Non, attendez, Edward n'est pas comme la plupart des autres vampires, il ne tue pas les gens. Il se limite aux animaux qu'il trouve dans les bois. Il ne tue jamais d'humains, et ne s'attaque jamais aux animaux domestiques. C'est un bon vampire, avec une âme. Il est beau, fort, immortel, et il aime Bella pour l'éternité… Alors, comment ne pas l'aimer ?

CHAPITRE 3

À QUOI S'ATTENDRE QUAND ON TOMBE AMOUREUSE D'UN VAMPIRE ?

Toutes les filles tombent amoureuses un jour ou l'autre, et certaines plus d'une fois. Le premier amour est mémorable : nous n'oublions jamais notre premier baiser et notre première véritable histoire. Il paraît que c'est la même chose pour les garçons !

Mais imaginez un instant que votre premier amour se trouve être un vampire comme Edward Cullen. Votre premier baiser pourrait bien se finir en morsure dans le cou. Au minimum, ce baiser vous laissera mi-hébétée, mi-exaltée dans une excitation proche du vertige.

La notion de vampirisme est étroitement liée aux idéaux érotiques et romantiques. Elle est liée au noir, à la nuit, le moment où les gens se rencontrent pour faire la fête et chercher l'amour. Elle est liée aux sombres aventures, à la limite de la souffrance, et au désir de l'inconnu et de l'interdit.

Prenons Bella, par exemple. Edward, son petit ami, est clairement interdit, et elle gardera cette relation secrète aux yeux de son père le plus longtemps possible, car elle sait que celui-ci ne l'approuvera pas.

En plus d'être interdit, il est l'inconnu absolu. Elle ignorera pratiquement tout de lui pendant très longtemps, car malgré ses questions, il ne distille que peu de réponses. Une partie du charme vient d'ailleurs du fait qu'elle en sache aussi peu sur son compte. Cet homme est un mystère !

Pour ce qui est du côté sombre de l'aventure, à la limite de la souffrance, Bella va en avoir sa dose en sortant avec Edward. Être avec Edward, c'est s'exposer aux griffes d'un vampire comme James – joué par Cam Gigandet –, avec pour résultat quatre côtes brisées, traumatisme crânien, jambe cassée et bleus sur tout le corps. La plupart des filles ne supporteraient pas ce genre de choses pour rester avec leur petit ami de lycée. Elles se laisseraient convaincre par leur entourage de se trouver quelqu'un qui ne les mette pas ainsi en danger. James parvient à mordre Bella, et à l'infecter de son venin, mais Edward réussit à aspirer tout le venin de son sang, et lui sauve la vie. Après avoir ainsi frôlé la mort, combien de jeunes filles resteraient avec leur petit ami ?

Vient ensuite Laurent, qui s'attaque à elle après l'élimination de James par la famille Cullen. Les yeux de Laurent sont rouges, et non dorés comme ceux des bons vampires. Son objectif est de tuer Bella. Si autant de personnes en relation avec mon petit ami m'avaient attaquée, mon père m'aurait mise sous les verrous tous les soirs ! Heureusement, Bella est protégée par les instructions télépathiques qu'Edward lui envoie, et par l'apparition des loups-garous. (Télépathie et loups-garous sauveurs : si nous n'étions pas entre nous, on nous prendrait pour des folles !)

L'intégration de Bella dans le clan des Cullen la menace autant que sont menacés sa nouvelle famille vampire ou ses propres parents humains. L'aventure met en péril l'existence de la famille Cullen, qui doit se fondre parmi les humains sans s'exposer. Dans un village comme celui où j'habite, des morts causées par des vampires ou des conflits de loups-garous ne passeraient sûrement pas inaperçus !

En affrontant James et Laurent, sans parler de Jacob et des autres loups-garous, il devient de plus en plus risqué pour les Cullen de rester à Forks. Renée et Charlie, les parents de Bella, sont aussi en danger. James traque sa mère dans l'espoir de piéger et de tuer Bella, et comme toute fille le ferait, Bella a peur pour elle et tente d'intervenir.

Bella est plus proche de la frontière entre la vie et la mort, l'amour et la souffrance, que la plupart des filles de son âge ne le seront jamais. Elle oscille entre humanité et vampirisme, entre son amour pour Edward et des expériences de mort approchée dans d'atroces douleurs.

Cet amour est insupportable, mais rien – aucune série, aucun roman d'amour, aucun film sentimental –, non rien n'est comparable à ce qu'elle vit avec Edward. Si les amours de jeunesse sont souvent très émouvants, les premiers amours dans les fictions transcendent eux carrément ce que nous ressentons dans la vraie vie.

Malgré la souffrance et les expériences de mort approchée, Bella ne peut résister à Edward et à tout ce qu'il représente. Chaque minute d'amour avec lui efface le côté sombre de ces péripéties. Beaucoup de filles restent très attachées à leur premier amour, même quand celui-ci devient risqué ou malsain. Après s'être fait plaquer, Bella lui restera fidèle malgré tout, pendant de longs mois – ce dont peu de filles sont capables. En tant que fans, nous aimerions croire que notre amour pourrait être aussi fort, et que même si notre âme sœur nous plaquait, apparemment pour toujours, nous lui resterions fidèle et pleine d'amour. La vérité, c'est que cela serait très difficile à faire, pour la simple et bonne raison qu'il nous aurait quittées de son plein gré, et définitivement.

Si vous tombez amoureuse d'un vampire, ne vous attendez donc pas à une vie simple et confortable. Si vous avez l'ambition de gravir les échelons sociaux, Edward n'est probablement pas l'homme qu'il vous faut. Les années passant, il vous sera de plus en plus compliqué d'expliquer à votre patron et à vos collègues pourquoi votre homme ne boit et ne mange jamais, pourquoi il ne va jamais à la plage ou à certaines mondanités. Mais qui veut par-dessus tout gravir les échelons sociaux ?

Personnellement, je préfère avoir l'amour. En ce point, je me sens différente – et peut-être vous aussi – des féministes qui veulent d'abord atteindre des objectifs de carrière. Je suis adulte, j'ai des enfants, et j'ai rencontré des tas de femmes obsédées par leur carrière. À part écrire des livres comme celui-ci, j'ai aussi travaillé pas mal d'années en entreprise et dans des universités. Ce n'est donc pas comme si je n'avais fait aucune carrière et que je vivais bêtement sur un nuage d'amour ! Étant mère célibataire, je suis bien consciente de la nécessité de subvenir à mes besoins et à ceux de mes enfants. Malgré tout, mon amour pour eux est bien plus grand que la plus belle des carrières.

Bref, imaginons cette fois que l'orientation que vous avez choisie vous mène à l'enseignement universitaire. Une fois de plus, comment expliquer à vos collègues que votre conjoint ne peut vous accompagner à cette conférence au bord de la mer, ou qu'il ne peut rien manger ni boire lors de soirées ? Si vous devenez membre titulaire de la faculté, vous côtoierez et travaillerez avec le même groupe de personnes le reste de votre vie ! Tous voudront connaître votre Edward. Il sera incroyablement difficile de leur cacher qu'il est en réalité un vampire.

Mais bon, on s'en fiche un peu, non ? Tous ces petits problèmes peuvent être arrangés. Il existe de nombreux métiers où l'on n'a pas besoin de présenter son homme à ses collègues. (Évitez juste de bosser dans une banque du sang !)

Si vous tombez amoureuse d'un vampire, vous serez également confrontée à l'idée de Bella, qui la pousse à vouloir devenir elle aussi vampire. Aimeriez-vous vraiment être mariée à un homme qui a éternellement 17 ans alors que vous passez les 30, 40, 60, 90 ? C'est absolument grotesque. Il faut donc soit que votre homme redevienne mortel, ou qu'il vous morde et vous suce le sang pour faire de vous un vampire.

La Belle et le Vampire

Si vous vieillissez alors que votre Edward ne change pas, il va falloir prendre grand soin de votre apparence. Quand vous aurez 30 ans, il vous faudra n'en paraître que 20, 22 grand maximum. Et ce sera de plus en plus dur à mesure que le temps avancera ! De plus, vous essaierez de dissimuler le sang qui parcourt votre corps. Ce qui implique de conserver un teint parfaitement pâle, et d'oublier les blushs et autres fards à joues. Il serait bon d'avoir des hématomes bleutés, ou tout au moins de beaux cernes sombres sous les yeux. Avec des lentilles de contact, vous pourriez obtenir un regard mordoré. La clé de tout cela est de s'intégrer au monde des vampires, dans lequel vous avez l'intention de passer le reste de votre vie. Pourquoi aller aussi loin pour ressembler à un vampire ? Faites vous-même votre choix :

A. Vous voulez fréquenter des vampires pendant des décennies. Il serait sage de leur cacher le fait que vous êtes un humain, c'est-à-dire un steak pour eux ! Bien sûr, les vampires vont sentir qu'il y a du sang dans votre corps, mais tentez tout de même de le cacher autant que possible. On ne sait jamais, au cas où votre Edward aurait un cousin hostile, un genre de Laurent d'Anne Rice, ou un antique vampire romain, complètement hermétique à l'étiquette qui veut qu'on ne se remplisse pas la panse avec la femme d'Edward !

B. Le look gothique est cool. Qui n'apprécierait pas d'avoir en permanence l'air d'un cadavre ?

C. Si vous avez déjà l'air d'être morte, personne n'essaiera de vous tuer. Vous pourrez vous balader tranquillement dans la pire ville du monde sans risquer de vous faire attaquer.

D. Pourquoi tenter votre Edward ? C'est si dur pour lui de résister à la tentation de boire votre sang, alors pourquoi jouer avec le feu ? Mieux vaut rester pâle et exsangue pour ne pas l'exciter.

Les bonnes réponses sont A et D. Si vous aimez le look gothique, vous pouvez ajouter B à la liste. Mais la réponse C est incorrecte. Même avec un look de revenante, il peut vous arriver n'importe quoi dans un endroit mal famé à deux heures du matin. Un tueur verra juste que vous êtes vivante, sans se soucier de votre allure de zombie.

Il vous en coûtera un peu de maintenir ce look d'outre-tombe. Par exemple, vous devrez investir dans une protection solaire écran total, pour protéger votre corps, et surtout votre visage, de toute once de couleur ou de bronzage. Un coup de soleil équivaudrait à demander à Edward ou à ses amis de vous vider de votre sang sur-le-champ ! Ce serait un peu comme se trimballer en string et bas résille devant un jeune homme de 17 ans en pleine santé ! Écran total obligatoire, donc.

Une fois vos lentilles dorées mises en place, vous devrez appliquer une dose généreuse d'ombre à paupières bleu foncé ou mauve sous vos yeux. Si vous en trouvez, utilisez une crème waterproof. Il serait trop bête que vos cernes passent de vos yeux à vos joues en fin de journée.

Pour que vos yeux dorés ressortent bien, mettez le paquet de crayon noir, ainsi que du mascara. Assurez-vous que tout votre maquillage est waterproof.

À ce stade, vous venez déjà de passer trois heures dans votre salle de bains, et cela juste pour vous assurer de ne pas vous faire accidentellement dévorer par vos amis ou votre famille.

Gardez toujours sous la main une bonne dose de fond de teint blanc. Enduisez-vous-en généreusement, du front jusqu'au bout des orteils... et n'oubliez pas les oreilles ! Si vous voulez laisser votre peau respirer un peu, choisissez une zone peu visible, comme l'intérieur du nombril ou la raie des fesses – désolée, mais c'est l'endroit idéal où ne pas étaler un cosmétique blanc ! La plante des pieds peut être épargnée, à condition de garder vos chaussures, bien entendu. Et si vous êtes sûre de rester habiller toute la journée, vous pouvez laisser les parties vêtues libres de toute influence vampirique.

Un rouge à lèvres noir ou rouge vif complétera le maquillage type. Essayez de dénicher le genre qui ne file pas, même quand on boit de l'eau. Les lèvres des vrais vampires comme Edward ne déteignent pas : elles sont brunes quand ils manquent de sang, et rouges après un festin. Les vôtres devront s'en rapprocher au maximum.

Pour les fringues, évitez le look gothique, car Edward et sa famille n'ont pas du tout ce style. Portez des vêtements normaux, tout comme eux. Ne donnez pas aux vampires l'impression d'essayer à tout prix de leur ressembler – ce qui aurait l'effet inverse.

L'exception concernera votre maillot de bain. Si vous allez à la plage, essayez de trouver un maillot une pièce, du style de ceux que votre grand-mère peut mettre, afin de couvrir votre corps le plus possible. Comme mamie, portez toujours un grand chapeau et des lunettes de soleil. Je recommanderais encore le port d'une chemise à manches longues et d'un pantalon, pour mieux vous protéger. Un Rashguard noir vous assurera une protection optimale, associé à un pantalon noir en élasthanne à enfiler par-dessus votre maillot de bain. Évitez le soleil, les rougeurs, le bronzage, et bien sûr, plus que tout, les coups de soleil.

Lorsque vous aurez pris l'habitude de vos six heures de préparation quotidienne, essayez d'appliquer un peu de bleu par petites touches sur votre visage et votre corps, pour rehausser l'aspect exsangue. Une émulsion légère et bleutée sera parfaite.

Enfin, pour ne pas dépareiller parmi vos nouveaux amis et votre famille, apprenez à vous déplacer avec grâce. Vos pas devront être rapides, votre intention étant de passer si vite que personne ne vous voie. Je sais que c'est impossible, mais en gardant cela à l'esprit, vous pourrez apprendre à vous mouvoir rapidement sans renverser de chaises, bousculer de vieilles dames ou percuter des portes.

Si votre Edward redevient mortel, il pourrait un jour retourner la chose contre vous. Supposons que vous vous sépariez. Il serait seul. Quelle autre femme serait prête à croire qu'il était autrefois un vampire ? Personne ne pourra plus jamais connaître sa véritable personnalité, et sa solitude pourrait le mener à la dépression, ou pire. Il pourrait finir par vous détester. S'il était resté vampire, au moins aurait-il eu son autre famille pour lui tenir compagnie à tout jamais. Que dire de sa jeunesse et de sa beauté, qui s'évanouiraient avec le temps ? Alors vraiment, si votre vampire doit revenir à l'état mortel, soyez bien sûre de la solidité de votre relation.

De la même façon, s'il fait de vous un vampire, comme Bella le souhaite, soyez bien sûre de l'aimer assez pour passer, disons, le prochain millénaire ensemble. J'ignore comment un juge gérerait un divorce où le couple est ensemble depuis mille ans, ou même seulement deux cents. Peut-être y a-t-il une limite au temps que des gens peuvent passer ensemble, comme deux cents ans, et que, passée cette durée, le mariage est considéré comme nul et non avenu. Quoi qu'il en soit, si vous êtes tous deux des vampires immortels, vous serez amenés à vous croiser plus d'une fois en mille ans, même en cas de rupture. Réfléchissez donc bien avant de vous engager.

Gardez aussi à l'esprit l'idée que si votre vampire suce le sang au cou des autres femmes, cela ne l'empêche pas de n'aimer que vous. Ne soyez donc pas trop jalouse si votre homme entre la nuit dans la chambre d'une belle femme, et se blottit contre elle. C'est à son sang qu'il s'intéresse, c'est tout. J'ai du mal à imaginer Edward suçant le sang d'une autre fille que Bella, mais qui sait ce qui peut arriver sur une relation de mille ans ? Après tout, il n'est qu'un homme, et mille ans avec la même femme peuvent sembler un peu longs.

Une autre chose est claire : si vous tombez amoureuse d'un vampire, ne vous attendez pas à ce que vos parents soient contents. Ils auront envie de petits-enfants humains tout mignons. Ils y réfléchiront à deux fois avant de garder vos petits vampires. Et puis, il y a le goûter : la plupart des grands-mères aiment donner des gâteaux et du lait à leurs petits chéris – c'est du moins ce que nous dit le mythe urbain. Si votre rejeton est un vampire, votre mère appréciera-t-elle de lui donner un bol de sang avec ses cookies ? Pas sûr…

D'un autre côté, votre bague de mariage sera sûrement ancienne de quelques siècles, et d'une classe folle. Votre homme aura les bonnes manières des gentlemen d'autrefois, il vous adorera et vous traitera comme une princesse. Vous serez folle de lui. Et si d'aventure vous avez un goût pour les châteaux perdus au milieu de nulle part, il y a alors de grandes chances pour que tous vos vœux soient exaucés.

CHAPITRE 4

L'ÉVEIL DE BELLA : CE QUI SE PASSE LORSQU'ON DEVIENT VAMPIRE

Beaucoup de gens rêvent de devenir vampire, ce qui explique probablement que le sujet du vampirisme soit si populaire. Ce personnage dégage quelque chose d'extrêmement romantique et attirant, comme nous l'avons évoqué dans les chapitres précédents.

Premièrement, si vous avez la « chance » de devenir vampire, vous aurez la vie éternelle. Deuxièmement, vous posséderez soudain une force surhumaine, comme Edward Cullen lorsqu'il sauve Bella en stoppant le fourgon qui allait l'écraser.

Qui plus est, vous rayonnez alors d'une beauté indicible. Si vous êtes une fille, attendez-vous à être si belle que le moindre de vos regards fera de n'importe quel homme votre esclave à vie. Plus besoin de régimes, car le sang dont vous vous nourrissez vous assure jeunesse et minceur éternelles.

BELLA ET LES ACCIDENTS

Bella Swan n'aime pas le sport, car elle ne fait que trébucher, tomber et se blesser. Le pauvre Edward s'inquiète sans cesse et garde toujours un œil sur elle, physiquement ou par télépathie quand ils sont séparés. Il doit constamment intervenir pour la sauver d'attaques ou d'accidents.

Les scientifiques, qui étudient tout, de la claustrophobie en ascenseurs à la forme des ongles de pieds, ont tenté de déterminer ce qui rend certaines personnes plus sujettes aux accidents que d'autres.

Par exemple, le numéro de février 2006 de la revue *Occupational Medicine*[1] nous livre les découvertes d'une équipe de chercheurs français qui ont observé 2 610 employés des chemins de fer, et ont découvert que 27 % d'entre eux avaient beaucoup plus d'accidents que les autres. Comme on peut l'imaginer, les raisons citées comme favorisant la survenue d'accidents étaient : fatigue, manque d'expérience professionnelle et d'exercice, attitude négative au travail, etc. Et les raisons citées comme diminuant les risques étaient logiquement : capacité à apprendre de son entourage et des expériences passées, attitude consciencieuse et docile, etc.

Rien de bien surprenant à tout cela, mais aucun de ces facteurs de haute propension aux accidents ne semble s'appliquer à Bella Swan. Elle n'est pas particulièrement fatiguée, ses études ne lui posent aucun problème, elle fait beaucoup d'exercice en tentant d'échapper aux vampires tueurs, et elle a une attitude positive envers les choses en général.

---

1. Rapport du Dr Stephen Juan dans *The Register*, octobre 2006.

En mai 2007, le *New Scientist* analysa les conclusions d'un rapport[1] délivré par le centre médical de l'université de Groningen, aux Pays-Bas. Ce rapport est tiré de données collectées dans 79 études menées sur 147 000 personnes sujettes aux accidents dans quinze pays différents. Les auteurs de ce rapport concluent qu'une personne sur vingt-neuf a 50 % de risques supplémentaires de trébucher, de tomber, de se blesser, ou même d'avoir un accident.

Mais tout comme pour l'étude de 2006, les raisons à cela restent inconnues. Le rapport de 2007 conclut simplement que ces personnes sont « infortunées ».

Infortuné signifie ne pas avoir de chance... La conclusion est donc d'une redoutable précision ! Si vous vous prenez les pieds dans un tapis au moins une fois par jour et que vous vous cognez la tête contre une table en métal, vous êtes une personne infortunée, qui n'a pas de chance. Si vous faites exploser la cuisine en essayant de faire cuire des œufs, vous êtes plus que ça. Si vous vous faites arracher les doigts de pieds par la tondeuse à gazon, je dirais que c'est encore autre chose.

Alors qu'en est-il de Bella, pourquoi est-elle si sujette aux accidents ? La réponse se trouvera peut-être dans le quatrième tome de la saga *Fascination*.

Le mauvais côté des choses, à être un vampire, c'est que vous devrez vous nourrir de sang toute votre (longue) vie. Cela dit, il est possible de s'en sortir en buvant celui des animaux et en mangeant des insectes, plutôt que de prendre le sang au cou de vos amis. Ceci requiert un grand self-control. Si vous n'en possédez pas

---

1.   « *Accident-prone people do exist New Scientist* », 16 mai 2007.

beaucoup, il vaut mieux commencer à assumer l'idée que vous ne parviendrez peut-être pas à vous passer de sang humain.

Le meilleur ami de Bella, le loup-garou Jacob Black de la tribu indienne Quileute, remarque qu'Edward et sa famille ont assez de self-control pour ne pas s'en prendre aux humains et subsistent grâce aux animaux. Et Bella ne semble guère perturbée par l'idée que son petit ami et sa famille chassent l'ours et tout autre gibier à la tombée de la nuit pour se repaître de sang animal.

LA TRIBU INDIENNE QUILEUTE

La tribu indienne Quileute existe réellement près de Forks, dans l'État de Washington. Les Quileutes y sont installés depuis des lunes et des lunes, soit « des milliers d'hivers avant l'arrivée du peuple blanc aux maisons poussées par le vent[1]. » On dit que la tribu se forma à l'âge de glace. Le site internet de la tribu explique que les véritables Quileutes seraient originellement liés aux loups-garous. Un « magicien errant » aurait changé tous les Indiens en loups-garous. Ils pêchèrent, chassèrent, et firent des couvertures des peaux de leurs chiens. Les pluies atteignant souvent des niveaux record, les Indiens fabriquèrent des vêtements imperméables à l'aide d'écorce de cèdre[2].

La tribu des Quileutes compte aujourd'hui moins de mille personnes, la plupart vivant à La Push dans l'État de Washington.

---

1. http://www.quileutenation.org
2. Ibid.

Mordre un ours pour le drainer de ses fluides corporels n'est pas la même chose qu'un régime au sang humain. Edward possède le self-control d'un saint.

Comme en religion, on peut dire qu'il existe des vampires orthodoxes (qui attaquent les gens et se prennent leur ration quotidienne de sang), les vampires conservateurs (qui mordent les gens dans leur sommeil et boivent du sang humain quand ils ont vraiment faim), ou des vampires réformés (qui n'attaquent pas les gens et boivent uniquement du sang animal). La famille Cullen est clairement de ce dernier ordre.

Bella veut devenir vampire afin de pouvoir vivre éternellement avec Edward dans la jeunesse. Elle ne supporte pas l'idée de vieillir auprès d'un homme de 17 ans, ce que je ne peux lui reprocher. Mais que lui demande-t-elle vraiment de faire ?

Quelle que soit cette requête, Edward s'y refuse dans *Fascination*, *Tentation* et *Hésitation*. La vérité sera révélée dans le quatrième volume de la saga, *Révélation*,.

Il faut bien souvent aux femmes de longues heures de travail, parfois même un jour ou plus, pour donner naissance à un enfant. Et pour beaucoup d'entre elles, cette phase de travail est très douloureuse. Au bout de la dix-huitième heure de travail devant donner naissance à mon fils, je hurlais à l'agonie et suppliais mon médecin de me frapper un bon coup sur la tête avec un marteau pour en finir.

Se transformer en vampire provoque-t-il de telles souffrances ?

Selon la saga *Fascination*, il semblerait que oui. Lorsqu'un vampire mord le cou d'une personne, il libère un venin dans son sang. Il faut des jours à la victime pour devenir vampire, et ces jours d'agonie sont pleins d'une douleur atroce. C'est seulement quand le cœur cesse de battre que la victime est un véritable vampire.

Honnêtement, après avoir vécu un accouchement, devenir vampire ressemble un peu à de la rigolade.

Dans les films et dans les livres, il existe de nombreux types de vampires. Certains, comme les Cullen, sont apparus de la façon que nous venons d'évoquer. D'autres sont des cadavres réanimés, et d'autres encore sont des esprits qui ont envahi le corps de leurs hôtes pour les prendre de façon vampirique. Mais penchons-nous maintenant sur la façon dont c'est arrivé aux Cullen, par exemple.

Tout d'abord, quand quelqu'un meurt – je veux dire, qu'il meurt vraiment, sans devenir vampire –, son cœur cesse de battre, et la gravité veut que son sang se dirige vers le sol. Donc, si la personne décédée repose sur le dos, le sang passera dans les régions basses de ses jambes, de ses bras, de son torse, etc. Le corps deviendra pâle et d'un teint cireux à cause du manque de globules rouges.

Mon but n'est pas de vous écœurer avec ça, d'ailleurs, laissez-moi vous dire qu'il est encore plus dégoûtant d'écrire sur la décomposition humaine que de lire des choses à ce sujet. Mais pour comprendre ce que c'est que d'être mort, et par conséquent non-mort, comme les vampires, il faut quelques connaissances préalables. Je serai aussi délicate que possible – principalement parce qu'il est midi passé, que j'ai très faim, et que je ne prendrai pas le risque de manger tout en écrivant sur la décomposition humaine.

Allons-y.

Après environ dix à douze heures de ce teint pâle et cireux, le cadavre humain commence à se couvrir d'ombres roses, violettes et bleues. Si le vampire vous métamorphose en moins de dix heures, vous aurez donc une chance d'être pâle et cireux plutôt que strié de rose, violet et bleu. Ces taches sur la peau sont dues à un phénomène appelé *livor mortis*, ou désoxygénation. La couleur finira par devenir très sombre, comme un énorme bleu qui couvrirait tout le corps. Je vous passe les étapes d'invasion du corps par les bactéries et les insectes, d'accord ?

Après la désoxygénation, les membres du cadavre deviennent bleus, et la température du corps descend d'environ deux degrés par heure. Pour finir a lieu la phase de *rigor mortis* – je suis sûre que vous en avez déjà entendu parler dans l'une de ces innombrables séries policières à la télé. *Rigor mortis* signifie que le corps se raidit comme une planche. À la fin, bien sûr, le corps se décompose, mais notre objectif nous autorise à sauter ce passage. Il suffira largement d'ajouter que les lèvres se rétractent, que les yeux débordent des orbites, et que la peau se met à peler pour en révéler une nouvelle couche.

Donc, si notre pauvre macchabée a eu de la chance, et qu'il a pu se faire mordre par un vampire juste avant de succomber, il traversera peut-être quelques jours d'agonie, mais au moins ne deviendra-t-il pas bleu marine, boursouflé, explosé et suintant de partout. Il se pourrait bien alors qu'il se retrouve avec un teint pâle et cireux, de fines lèvres cruelles et violacées, et des yeux légèrement exorbités. Un vampire standard, quoi !

Je ne sais pas ce que l'on peut ressentir en passant de l'état de cadavre à celui de reine du glamour, mais il se peut que le venin inoculé par Edward Cullen soit un élixir de jeunesse.

Lors des trois jours de supplice qui suivent la morsure du vampire, la victime montre généralement des signes de maladie assez proches des symptômes de la tuberculose : douleurs de poitrine, difficultés respiratoires, toux mêlée de sang, grande fatigue, fièvre, faiblesse, perte d'appétit, perte de poids et teint blafard. Un malade de la tuberculose a des nuits difficiles, semble dépérir et respire difficilement. En gros, il présente tous les signes de quelqu'un venant de se faire mordre par un vampire !

Le mot *nosferatu* vient du grec ancien *nosophoros* qui signifie « porteur de la peste ». Il y a très longtemps, les gens croyaient que les vampires répandaient des épidémies, et tout particulièrement la tuberculose. À cette époque, la cause de cette maladie n'était pas connue, il était donc envisageable que ce fussent les vampires qui la transmettent.

Il est possible que le venin d'Edward ne serve pas seulement à préserver la beauté de la victime, mais aussi à ce qu'une sorte de mécanisme génétique effectue la transformation. Le venin est une toxine. Les animaux l'injectent avec leur dard, leurs piquants, et, bien sûr, leurs crocs. Une seule goutte peut parfois suffire à tuer. Parmi les mammifères venimeux, on trouve le mâle ornithorynque ou la musaraigne (qui l'eût cru ?)

Le venin des serpents, en particulier, contient des toxines peptidiques, ce qui signifie qu'elles sont faites de polymères d'acides aminés. Ça vous dit quelque chose ? Peut-être vous souvenez-vous que les acides aminés et les liaisons peptidiques font partie du code génétique des animaux.

Il est aussi intéressant de noter que certains peptides agissent à la façon d'hormones ou d'enzymes, comme les peptides ribosomaux, qui sont synthétisés par la traduction de l'ARN. Ces peptides sont produits par nos cellules, et le sang leur permet de signaler d'autres activités au corps.

Si le venin d'Edward est semblable à celui des serpents, il ne contient pas seulement des toxines peptidiques, mais il doit causer souffrance, convulsions et chute de pression artérielle chez ses victimes. Quelqu'un qui, comme Bella, veut devenir vampire, devra donc passer par ces épreuves après la morsure.

Vous vous rappelez peut-être que le génome humain contient des milliers de gènes. Mais saviez-vous que tous ces gènes ne sont pas actifs simultanément ? En fait, les gènes s'activent et se désactivent selon les besoins ; quand un gène s'active, on parle d'un gène *exprimé*. Par exemple, quand ils sont traduits en ARN – le processus qui synthétise les peptides ribosomaux –, les gènes sont exprimés.

En bref, le venin du vampire agit comme un virus ; il contient un matériel génétique qu'il injecte aux cellules de sa victime. C'est à l'intérieur des cellules que l'ARN interprète l'ordre génétique du venin viral, et que les ribosomes créent de nouvelles enzymes de venin. Ces dernières sont de nature virale, ce qui signifie qu'elles attaquent les autres cellules pour y injecter leur propre ADN. Le venin se répand alors dans tout le corps et provoque une sorte de mutation génétique en s'assurant que le système immunitaire ne se débarrasse pas du virus. Le vampire, ainsi fraîchement constitué est transformé en une créature qui ne se nourrit que de sang, cicatrise vite, possède une haute résistance à la douleur, etc. Il se pourrait aussi que le venin manipule les gènes qui lui donnent ce teint pâle et cireux.

En lisant les journaux, nous apprenons que la recherche génétique avance à grands pas de nos jours. Nous sommes capables de retirer l'ADN d'une cellule pour le mettre dans celle d'un autre animal, et de faire en sorte que cette cellule animale commence à produire ses propres types de protéines. Les séquences protéiniques sont déterminées par les gènes, ou par des segments d'ADN introduits dans le second animal.

Un exemple commun de la mécanique génétique est l'insuline humaine synthétique. Une autre hormone est l'hormone de croissance – décelée comme dopant chez de nombreux sportifs. Aujourd'hui, nous avons modifié génétiquement des organismes tels que les fruits et les légumes, qui n'ont plus besoin de pesticides pour s'épanouir. Il existe des expériences incroyables dans lesquelles les scientifiques enlèvent des gènes à certains animaux, et d'autres qui induisent la synthèse active de protéines spécifiques.

Si nous autres, humains, sommes capables de faire tout cela, il est plausible de croire que le venin viral vampirique puisse enclencher un changement génétique dans une victime pour faire d'elle, à son tour, un vampire.

Mercy Brown, le vampire d'Exeter

En 1892, à Exeter, dans l'État du Rhode Island, une jeune fille du nom de Mercy Brown mourut de la tuberculose. Son père tint comme établi qu'elle avait attrapé la maladie au contact d'un membre de la famille, mort-vivant et vampire, qui était venu la voir une nuit pour la mordre. Mary, la mère de Mercy, était déjà morte de la tuberculose, ainsi que sa sœur Mary Olive. Peu de temps plus tard, c'est son frère Edwin qui contracta la maladie.

Tout leur entourage était persuadé que l'un des morts de la famille Brown était devenu ce que nous appellerions maintenant un vampire. Le père de Mercy, George, exhuma mère et fille à l'aide des villageois. Ils ouvrirent ensuite la crypte de Mercy, qui avait été enterrée deux mois auparavant, en plein cœur de l'hiver. Mais alors que les deux premiers corps s'étaient considérablement décomposés, celui de Mercy contenait toujours du sang au niveau du cœur, et avait encore une apparence humaine. Horrifiés, tout le monde conclut que Mercy était devenue vampire. Plus encore, chacun pensa que Mercy avait infecté son frère Edwin du fléau du vampirisme. Il ne vint pas à l'esprit de George Brown et de sa famille que sa femme et sa fille aînée étaient mortes depuis longtemps, et qu'il était donc normal que leurs corps soient ainsi décomposés, alors que Mercy avait été enterrée peu de temps auparavant par un temps glacial. Non, c'était le vampirisme, le coupable ! Aidé de ses comparses, il arracha le cœur de sa cadette pour le brûler.

Encore plus grotesque, George Brown força ensuite son fils Edwin à manger les cendres du cœur brûlé, dans l'espoir de lui éviter un destin de vampire. Les fondements de son raisonnement peuvent laisser perplexe. Peut-être n'était-il qu'un homme désespéré par la perte de tant de proches. Quoi qu'il en fût, Edwin mourut quelques mois après avoir ingurgité l'élixir anti-vampire de son père George…

CHAPITRE 5

Quiz sur les vampires

Bella a hâte d'être un vampire, et vous aussi. Ou du moins, imaginons-le dans ce chapitre. Imaginons que vous vous réveillez demain, et que vous n'êtes plus un humain. Vous vous regardez dans le miroir et trouvez vos yeux brillant d'une intensité qui n'appartient qu'aux stars de cinéma. Votre peau est aussi blanche que les pages de ce livre, vous avez une force surhumaine, du glamour à revendre, et la vie éternelle devant vous. Et, bien sûr, une insatiable soif de sang vous saisit.

Quel genre de vampire seriez-vous ? Un sauvage, un doux, un violent ? Faites ce quiz pour le savoir. Répondez à toutes les questions, puis reportez-vous à la fin du questionnaire pour savoir quel vampire vous seriez.

Question 1 : Quel genre de draps y a-t-il dans votre cercueil (ou dans votre lit, si vous êtes comme les Cullen) ?

A. Des draps de soie noire.

B. Des draps de bonne facture traditionnelle en coton.

C. Des draps tachés de sang.

D. Les draps les plus beaux et les plus romantiques du monde.

E. Pas de draps, mais une couverture en peau de loup.

Question 2 : Vous êtes un tout nouveau vampire. Tout ce que vous voulez, c'est du sang humain. Ce besoin est incontrôlable. À qui allez-vous vous en prendre en premier ?

A. Votre meilleur(e) ami(e).

B. Le tyran de l'école.

C. Ce mec qui vous aimait bien, mais qui vous a traitée de grosse chienne devant tout le monde.

D. Le prof de gym, parce qu'il vous fait trop transpirer.

E. Votre prof de maths, parce qu'on ne comprend jamais rien à ce qu'il dit.

F. L'un des mecs de la liste des dix plus sexy de 2007 de *People Magazine*, s'il vous tombe sous la main (ou la dent).

Question 3 : Vous avez bu le sang de quelqu'un (question 2). Il est déjà minuit. Il se trouve que c'est la pleine lune, et bien que vous ne soyez pas un chien (contrairement à ce que disait l'autre abruti, voir question 2-C), il vous prend l'envie de hurler à la mort sous la lune. Où allez-vous pour relâcher cet excès d'énergie ?

A. Dans un club de heavy metal, où les gens dansent et hurlent dans l'obscurité, sous les néons noirs.

B. Dans un cimetière, pour déterrer toutes les tombes en criant qu'ils sont tous morts alors que vous, vous êtes bien vivante.

C. Dans votre chambre (ou votre tombeau), pour rattraper le retard que vous avez accumulé dans vos devoirs depuis que vous êtes prise dans les tourments de votre métamorphose vampirique.

D. Dans un immense parc désert où vous pouvez tracer en moto à trois cents à l'heure, et courir en rond en frôlant la vitesse de la lumière.

Question 4 : Pour vous remettre d'une nuit de fête et de festin, vous faites une longue promenade en attendant le lever du jour. Vous tombez sur un portail avec des armoiries à votre nom : vous avez trouvé votre château de vampire. Vous êtes la duchesse Véronique Van Cullen. Vous entrez dans le château. Quelle est la première chose qui attire votre attention ?

A. Les escaliers qui mènent au sous-sol, l'humidité, une odeur fauve, la terre noire et les cercueils.

B. Le magnifique tableau de la première duchesse Véronique Van Cullen qui « mourut » en 1232. Vous vous demandez où elle peut bien être maintenant.

C. La robe lacée de soie noire et rose qui semble avoir été créée sur mesure pour vous (et pour la première duchesse Véronique Van Cullen, dont les mensurations étaient 90 – 60 – 85). Vous êtes sidérée de vous voir avec un corps aussi superbe. Avec une robe pareille, aucun mortel ne pourra vous résister !

D. La minijupe de cuir noir avec corset qui vous donne un look encore plus irrésistible que la robe (voir réponse C). Vous essayez l'ensemble. Avec les chaussures pointues à talons aiguilles que vous trouvez sous le tableau, vous avez l'air d'une vraie « professionnelle » – ou tout au moins, d'une vamp sûre de faire tomber tous les mâles.

E. Un tableau du premier duc François Van Cullen, d'une beauté telle que vous vous évanouissez quasiment à sa vue. Vous vous dites que quelque part, un type comme lui attend celle qui ressemble à la première duchesse.

Question 5 : Maintenant que vous êtes un vampire, de quoi avez-vous le plus peur ?

A. Des loups-garous.

B. Du soleil.

C. De vivre seule pour l'éternité, sans le duc François Van Cullen.

D. De dormir dans des cercueils.

E. D'avoir à traquer vos proies.

Question 6 : Vous errez dans votre château, dégommant les rats d'un coup de pied et écartant les toiles d'araignée de votre visage. Vous entrez dans une chambre de style victorien, avec un immense lit et un bureau en annexe. Vous remarquez que quelqu'un a récemment dormi dans le lit. Curieuse, vous entrez dans le bureau, et vous y voyez deux trônes. Dans l'un des deux est assis le duc François Van Cullen ! À quoi ressemble-t-il ?

A. Il ressemble à Edward Cullen.

B. Il mesure 1,85 m, a des muscles de gladiateur, un immense sourire avec des dents éclatantes, des yeux bleus brillants et des cheveux noirs.

C. Il mesure 1,60 m, a le buste creux et aucun muscle, un petit sourire montrant des dents acérées, des yeux noirs en vrille et des cheveux gris.

D. Il mesure 1,60 m, pèse 140 kg, et engouffre quatre poulets entiers au moment même où vous passez la porte.

Question 7 : Que dites-vous à votre grand amour la première fois que vous le voyez ?

A. Viens par là, mon mignon ! Maman a une petite douceur pour toi.

B. Vous ne pouvez pas parler. Vous restez plantée là, à rougir et à trembler.

C. Eh, c'est cool de t'voir là, mon p'tit duc ! Toi aussi t'es de la bande des vampires ?

D. Existes-tu vraiment ?

Question 8 : Il dit n'avoir attendu que vous pendant au moins sept cents ans, et n'être jamais tombé amoureux – depuis que sa duchesse bien-aimée est morte de la tuberculose. Que répondez-vous ?

A. Viens par là, mon mignon ! Maman a une petite douceur pour toi.

B. Vous ne pouvez pas parler. Vous restez plantée là, à rougir et à trembler.

C. Vous lui dites que vous pensez avoir beaucoup de choses en commun, étant tous deux des vampires, et que vous aimeriez faire un tour avec lui, si c'était possible. Puis vous vous évanouissez.

D. Et puis quoi encore ? Vous me prenez pour une cruche ?

Question 9 : Il y a un miroir de l'autre côté de la salle du trône. Mieux vaudrait ne pas vous en approcher. Pensez-vous que votre reflet va vous manquer ?

A. Oui. Vous êtes assez orgueilleuse pour ça.

B. Non. De plus, vous préférez mater le duc.

Question 10 : Aimeriez-vous vous transformer en loup, en chauve-souris ou en brouillard de temps en temps ?

A. En loup et chauve-souris : ça ne me plairait pas du tout.

B. Devenir brouillard doit être assez sympa. Je pourrais me faufiler dans les couloirs de l'école et surprendre les gens dans les rues de la ville. Ce serait marrant d'être un brouillard épais qui remplirait complètement la classe en cours de maths. Je pourrais prendre la forme du loup quand je voudrais sauver quelqu'un, et celle de la chauve-souris pour me déplacer en un rien de temps.

C. Je n'aimerais être ni loup, ni chauve-souris, ni brouillard.

D. Je commence à me demander si je pourrai revenir du vampire au simple humain.

Voilà, vous avez répondu aux dix questions. Il est maintenant temps de découvrir quel genre de vampire vous seriez si vous vous leviez un matin en réalisant que vous êtes transformée.

Réponses :

Question 1 : Quel genre de draps y a-t-il dans votre cercueil (ou dans votre lit, si vous êtes comme les Cullen) ?

Si vous avez choisi **A**, les draps de soie noire, vous n'êtes probablement pas le genre de fille d'Edward. Si des draps noirs peuvent être exotiques et sexy, ce ne sont pas ceux qu'une jeune fille vampire utiliserait pour passer inaperçue parmi les humains. Rendez-vous compte :

combien connaissez-vous de gens qui ont des draps de soie noire ?

Si vous avez choisi **B**, des draps de haute facture traditionnelle en coton, vous feriez un bon vampire des quartiers chics, où personne ne vous soupçonnerait d'être ce que vous êtes. Mais si vous n'êtes pas riche, le choix s'avérerait moins judicieux, car vous seriez regardée bizarrement.

Si vous avez choisi **C**, des draps tachés de sang, vous êtes un véritable vampire. Mais là aussi, tous vos amis vont vous soupçonner !

Si vous avez choisi **D**, les draps les plus beaux et les plus romantiques du monde, vous êtes peut-être le genre de fille qu'Edward apprécierait. Personne ne vous soupçonnera jamais d'être un vampire, ce qui est bien ce que vous recherchez. Cette réponse n'est pas très intéressante, mais je la choisirais quand même si cela voulait dire que j'avais une chance avec un mec comme Edward !

Pour finir, si vous avez choisi **E**, une couverture en peau de loup, vous cherchez les ennuis. Vous êtes un vampire plein d'entrain et d'esprit. Je vous aimerais probablement pour votre côté rigolo, mais vous allez vous retrouver dans le pétrin avec tous ces loups-garous qui traînent en ville.

Question 2 : Vous êtes un tout nouveau vampire. Tout ce que vous voulez, c'est du sang humain. Ce besoin est incontrôlable. À qui allez-vous vous en prendre en premier ?

J'espère que vous n'avez pas choisi **A**, votre meilleur(e) ami(e), ou alors honte sur vous ! C'est la dernière personne à qui s'en prendre.

Si vous avez choisi **B**, le tyran de l'école, vous faites une belle faveur à tous vos amis humains. Après tout, vous êtes un vampire, et il faut bien que vous mangiez – ou plutôt, que vous buviez –, alors autant jeter son dévolu sur une brute plutôt que sur quelqu'un de gentil.

Si vous avez choisi **C**, le garçon qui vous a ridiculisée en public, réfléchissez bien à votre réponse. Voulez-vous vraiment qu'Edward vous considère comme une mauvaise perdante ? Ne serait-il pas plus pertinent de jouer l'indifférence, en ignorant ce garçon chaque fois que vous passerez près de lui et en vous montrant parfaitement heureuse avec votre superbe mec vampire ?

Si vous avez choisi **D** ou **E**, votre prof de gym ou de maths, dites-le-moi tout de suite pour que je ne devienne jamais prof. Non pas que je n'aie pas les qualités physiques pour être prof de gym, et intellectuelles pour être prof de maths, mais je veux savoir, juste au cas où…

Enfin, si vous avez choisi **F**, un de ces mecs les plus sexy, je suis carrément d'accord avec vous ! En tant que vampire, quitte à se coller à un garçon, autant que ce soit à l'un des plus mignons de la planète !

Question 3 : Vous avez bu le sang de quelqu'un (question 2). Il est déjà minuit. Il se trouve que c'est la pleine lune, et bien que vous ne soyez pas un chien (contrairement à ce que disait l'autre abruti, voir question 2-C), il vous prend l'envie de hurler à la mort sous la lune. Où allez-vous pour relâcher cet excès d'énergie ?

Si c'est le **B**, dans un cimetière pour déterrer toutes les tombes en criant qu'ils sont tous morts alors que vous, vous êtes bien vivante, vous venez de révéler votre côté vindicatif. Pas très joli, même pour un vampire.

Quant au **C**, dans votre chambre pour rattraper vos devoirs en retard, c'est aussi admirable qu'idiot. Vous allez vivre des centaines, peut-être des milliers d'années.

Vous aurez éternellement 17 ans (ou votre âge actuel, quel qu'il soit). Ce qui veut dire que pour vous adapter à une communauté humaine comme celle de Forks, vous allez devoir refaire la même année de lycée encore et encore, pendant très longtemps ! Vous venez de devenir vampire, ce n'est pas le moment de réviser votre trigonométrie. Vous ferez ça demain.

Pour la réponse D, dans un immense parc désert où vous pouvez tracer en moto à trois cents à l'heure, et courir en rond en frôlant la vitesse de la lumière, c'est une très bonne réponse, au même titre que la réponse **A**. Cela dit, danser en boîte me semble plus marrant que se balader seul dans un parc la nuit… Non ?

Question 4 : Pour vous remettre d'une nuit de fête et de festin, vous faites une longue promenade en attendant le lever du jour. Vous tombez sur un portail avec des armoiries à votre nom : vous avez trouvé votre château de vampire. Vous êtes la duchesse Véronique Van Cullen. Vous entrez dans le château. Quelle est la première chose qui attire votre attention ?

Si vous avez choisi la réponse **A**, les escaliers qui mènent au sous-sol, l'humidité, une odeur fauve, la terre noire et les cercueils, vous êtes un vampire traditionnel. J'imagine que vous n'allez pas beaucoup rigoler pour le reste de l'éternité. Pourquoi choisir un sous-sol humide et crasseux avec un cercueil ? Il y a d'autres possibilités.

Si vous avez choisi la **B**, le magnifique tableau de la première duchesse Véronique Van Cullen qui « mourut » en 1232, je dirais que c'est plutôt bien vu. Après tout, elle vous ressemble beaucoup, et dans le monde des vampires, une fille qui ressemble à une duchesse de 1232 a toutes les chances d'avoir son âme sœur vampire qui l'attend quelque part.

Si c'est la réponse **C**, la robe lacée de soie noire et rose qui semble avoir été créée sur mesure pour vous, vous êtes un peu trop vaniteuse. Un peu de self-control, allons ! Vous avez mieux à faire maintenant que de vous occuper de vos fringues – d'ailleurs, vous avez déjà l'air d'une duchesse d'autrefois. Et vous venez d'hériter d'un château ! À un tel moment, qui se soucie de ses vêtements ?

Vous devinez sûrement ce que j'ai à dire de la réponse **D**, la minijupe de cuir noir avec corset qui vous donne un look encore plus irrésistible que la robe. Gardez-la pour plus tard, et occupez-vous d'abord de votre château.

Enfin, la réponse **E** est proche de la B. En B, vous étiez une incarnation de la duchesse, et en E, vous trouvez le duc. J'espère que vous avez choisi B d'abord, puis que vous êtes rapidement passée de ce tableau à celui du duc en E. Vous savez désormais que votre âme sœur, un splendide vampire, vous attend quelque part. Il n'y a plus qu'à le trouver.

Question 5 : Maintenant que vous êtes un vampire, de quoi avez-vous le plus peur ?

Il n'est pas aisé de répondre à cette question, n'est-ce pas ? Personnellement, j'éliminerais immédiatement les réponses **A** (les loups-garous) et **B** (le soleil). En tant que vampire, vous avez le pouvoir de contrôler les loups, il n'y a donc aucune raison de s'effrayer à la vue d'une meute de loups-garous. Quant au soleil, on s'en fiche un peu ! Vous avez toute la nuit pour vous, et pour peu que vous soyez comme la famille Cullen, un faible ensoleillement ne vous fera pas de mal. La réponse **D** n'est pas insurmontable non plus, car la plupart des vampires dorment dans des cercueils. Assurez-vous juste d'avoir un bon oreiller, et une musique d'ambiance agréable.

La réponse **E**, traquer des proies, touche au propre des vampires, il serait donc préférable que vous vous y fassiez. En ce qui me concerne, ma plus grande peur serait probablement de vivre seule pour l'éternité, sans mon vampire adoré.

Question 6 : Vous errez dans votre château, dégommant les rats d'un coup de pied et écartant les toiles d'araignée de votre visage. Vous entrez dans une chambre de style victorien, avec un immense lit et un bureau en annexe. Vous remarquez que quelqu'un a récemment dormi dans le lit. Curieuse, vous entrez dans le bureau, et vous y voyez deux trônes. Dans l'un des deux est assis le duc François Van Cullen ! À quoi ressemble-t-il ?

Pour toute réponse autre que la **A**, (il ressemble à Edward Cullen), il y a quelque chose qui cloche chez vous ! Sans commentaire.

Question 7 : Que dites-vous à votre grand amour la première fois que vous le voyez ?

Pour celles d'entre vous à qui leur mère n'aurait pas transmis les notions de base, il ne faut jamais dire à un garçon : « Viens par là, mon mignon ! Maman a une petite douceur pour toi. » On vous croira tout droit sortie de la campagne la plus profonde. Ne parlez jamais de vous comme d'une « maman », et d'un garçon comme d'un « mignon ». Si vous ne comprenez pas pourquoi je vous donne ce conseil, demandez à vos copines, ou bien croyez-moi sur parole. Certaines d'entre vous ont pu répondre qu'elles resteraient plantées là, à rougir et à trembler (réponse **B**). Cela pourrait m'arriver. Ce pourrait aussi être la réponse **D**, c'est-à-dire demander au duc s'il existe vraiment. Je ne choisirais par contre jamais la **A** (voir plus haut), ou la **D**, « Eh, c'est trop cool de t'voir là, mon p'tit duc ! Toi aussi t'es de la bande des vampires ? »

Question 8 : Il dit n'avoir attendu que vous pendant au moins sept cents ans, et n'être jamais tombé amoureux – depuis que sa duchesse bien-aimée est morte de la tuberculose. Que répondez-vous ?

Pour cette question, je choisirais la réponse **C**, ou quelque chose qui s'en rapproche – en espérant juste pouvoir échapper à l'évanouissement.

Question 9 : Il y a un miroir de l'autre côté de la salle du trône. Mieux vaudrait ne pas vous en approcher. Pensez-vous que votre reflet va vous manquer ?

Celle-ci est très simple : la réponse **B** est le seul choix envisageable.

Question 10 : Aimeriez-vous vous transformer en loup, en chauve-souris ou en brouillard de temps en temps ?

Cette dernière question est la plus difficile. Personnellement, pour être tout à fait honnête avec vous, mon choix serait la **C**, c'est-à-dire que je n'aimerais être ni loup, ni chauve-souris, ni brouillard. Mais regardons les choses en face, si vous êtes maintenant un vampire, vous n'avez pas le choix. Ce n'est même pas la peine de penser à la **D** – redevenir humain – la seule option est donc de vivre avec tout cela : prendre la forme d'un loup, d'une chauve-souris ou du brouillard de temps en temps.

CHAPITRE 6

BONS ET MAUVAIS VAMPIRES

Nous tenons la plupart des vampires comme coupables d'office. Cas d'espèce : Nosferatu, qui n'avait rien du type sympa, et le Dracula de Bela Lugosi, toujours prêt à faire le mal.

Nosferatu, qui signifie à l'origine « porteur de maladie », ne devint méchant et mort-vivant que bien plus tard. L'usage du terme de mort-vivant implique quelque chose de malfaisant, ou même de carrément diabolique. Dans un ouvrage de 1885 appelé *The Land beyond the Forest*, de Emily Gerard, Nosferatu était littéralement le mot employé pour désigner un vampire maléfique. Dans le *Dracula* de Bram Stoker, Van Helsing, l'expert en techniques d'élimination des vampires, explique que les Nosferatu ne meurent pas, mais qu'ils se renforcent au contraire petit à petit, et que plus ils deviennent forts, plus ils deviennent mauvais.

Le film *Nosferatu* de 1922, dont nous avons déjà un peu parlé dans ce livre, fait de la figure du vampire celle de la damnation. C'est une version un peu différente du *Dracula* de Bram Stoker, dont le producteur Prana-Film n'avait pu obtenir les droits d'exploitation. *Nosferatu* se situe en Allemagne, en 1838, en pleine épidémie de peste.

À l'inverse d'un superbe jeune homme comme Edward Cullen, ou d'un suave homme à femmes comme Bela Lugosi, le personnage de Nosferatu nous montre un vampire incroyablement laid et malfaisant. Il a de longues griffes à la place des ongles, des crocs terrifiants, une tête d'ancêtre chauve, et le look global d'un rat.

Quand Nosferatu, alias le comte Orlock, arrive en Allemagne, la peste commence à se propager. Il est la source du fléau, et peut commander aux rats qui obéissent à ses ordres. C'est le mal incarné.

Le Dracula joué par Gary Oldman dans le film de Francis Ford Coppola *Bram Stoker's Dracula* n'est pas aussi nuisible que le comte Orlock. Oldman est un bel homme des abords de Londres, né des siècles auparavant dans la peau du prince Vlad l'Empaleur. Il cherche sa femme, qu'il a perdue lors de l'une des nombreuses guerres qu'il a menées sous le signe du pal. En se promenant à Londres, Dracula voit un jour une jeune femme qui ressemble à s'y méprendre à sa défunte bien-aimée. Bien sûr, cette femme est Mina Murray, de l'œuvre originale de Bram Stoker.

Le Dracula d'Oldman se métamorphose en loup-garou, chauve-souris et autres formes pour attaquer ses victimes. Par exemple, quand il agresse Lucy Westenra, il revêt les traits d'un énorme et terrifiant loup-garou, ce qui donne à l'attaque une tout autre dimension qu'une simple morsure au cou.

Pourtant, ce personnage nous est presque sympathique. C'est vrai qu'il a autrefois décapité et empalé des milliers et des milliers de gens. C'est vrai qu'il tue, préméditant ses attaques avec vice, et vide ses victimes de leur sang, mais c'est avant tout un homme amoureux. En fait, il est plein d'un amour tendre et dévoué pour Mina, qui représente pour lui sa défunte épouse. Et cela ne choque pas qu'Oldman soit beau, alors que le comte Orlock ressemble davantage à un vieux rat ou à une chauve-souris fripée – selon qu'il soit en train de dormir comme une chauve-souris ou à trottiner autour du château comme un rat.

Nous reviendrons bientôt sur le prince Vlad l'Empaleur. Peut-être savez-vous déjà que Vlad, alias le comte Dracula, était une vraie personne. Si ce n'est pas le cas, vous allez être très surprise d'apprendre qui il était, ce qu'il faisait, et comment il aborda le vampirisme. Si vous savez déjà que Vlad Dracula a bel et bien existé, commencez à réfléchir sur les points communs entre lui et Edward et sa famille ; nous aurons bientôt les vraies réponses à ces questions.

Mais pour le moment, faisons marche arrière et revenons sur les vampires à travers les âges. Peu d'entre eux se sont montrés de bons individus, même si, plus récemment, des personnages comme Edward Cullen ont éclos.

Dans la saga *Fascination*, le révérend Montague Summers est une source d'informations sur les vampires. Intriguée par Edward et sa famille, Bella Swan mène son enquête sur Internet et tombe sur un article de Montague Summers.

Montague Summers a réellement existé. En 1928, il écrivit *The Vampire : his kith and his kin*, et *The Vampire in Europe*, en 1929. Son nom complet était Alphonsus Joseph-Mary August Montague Summers, et il vécut de 1880 à 1948.

Ses livres étudient le vampirisme à travers le monde et à travers les âges. Il connaissait tout de ce qui peut exister sur le sujet : les croyances et les légendes du monde entier, les mythes, l'anthropologie, l'utilisation du vampire en littérature, et même au théâtre. Summers était persuadé que les vampires étaient le mal absolu.

Son approche studieuse lui fit remarquer que toute culture connue comporte des traces de vampirisme, et que ces vampires n'étaient pas forcément des hommes, mais aussi des femmes. Les femmes portaient le nom de succubes, des démons féminins qui couchaient avec les hommes. Horrible, non ?

D'après les Grecs anciens, les succubes ne se contentaient pas de coucher avec les humains, elles leur suçaient aussi tout leur sang (jusque-là, rien d'anormal), et (là, tenez-vous bien) elles mangeaient ensuite leur cadavre ! Vils démons !

Dès la Grèce antique, ces monstres vampiriques étaient associés au serpent, et avaient la capacité de se changer en oiseau après s'être repus de sang humain. Dans l'Assyrie et la Babylone antiques, on prétendait que les vampires étaient les âmes égarées de morts, condamnés à prélever la vie des humains parce qu'ils avaient eux-mêmes péché durant leur existence. En bref, ces vampires-là étaient aussi le mal incarné.

Il existe de très nombreux exemples de mauvais vampires. Se contenter de boire le sang de quelqu'un, comme dans notre version occidentale, n'est rien par rapport à ce que font les vampires en d'autres endroits du monde. En Chine, le Ch'ing Shuh ressuscite les cadavres, et peut manger morts et vivants lors d'orgies démoniaques. Le vampire indien Baital est un cadavre ramené à la vie par un démon prenant la forme d'une chauve-souris.

Pour ce qui est du véritable Vlad Dracula l'Empaleur, il est difficile d'imaginer pire homme. Son père, Vlad Dracul, naquit à la fin du XIVe siècle, et mourut en 1447. Vlad – le père – régna sur la Valachie, qui est aujourd'hui la Roumanie, au sud des Carpates. Il était aussi le fils naturel du prince Mircea, qui gouverna la Valachie avant lui.

En 1430, Vlad senior se trouvait en Transylvanie, à Sighisoara, près de la frontière de la Valachie. C'est là que naquit son second fils, Vlad Dracula l'Empaleur – mais non, ses parents ne l'appelèrent pas Vlad l'Empaleur dès sa naissance ; ce nom ne lui fut donné que bien plus tard.

Vlad senior devint membre de l'Ordre du Dragon, dont le but était de combattre l'Islam. En tant que prince de Valachie, il lui était difficile de maintenir son trône. Pour ce faire, il dut prendre une seconde épouse : Euphraxie, sœur du souverain de la Moldavie.

En 1437, Vlad rallia son peuple aux Turcs, mais une demi-douzaine d'années plus tard, l'armée turque perdit une bataille à la guerre, et les Hongrois les poursuivirent dans toute la Valachie. Au passage, ils s'emparèrent du trône de Vlad Dracul. Aidé de ses amis turcs, celui-ci parvint à reconquérir son trône, et, pour leur rendre honneur, il offrit ses fils Vlad et Radu comme otages aux Turcs.

Vlad et Radu furent longtemps gardés en prison par les Turcs, et Vlad sentit grandir en lui un besoin de vengeance envers quiconque se mettrait en travers de son chemin. Il apprit aussi à n'avoir aucun respect ni égard pour la vie humaine. Il était entouré de gens sans aucune moralité, son père y compris – lui qui l'avait vendu et mis en grand danger. Il était d'une telle violence et d'une telle fourberie que même ses gardes étaient terrorisés en sa présence.

Quand l'aîné de Vlad, Mircea, fut torturé en ayant les yeux brûlés aux fers chauds, puis brûlé vif par les

Hongrois, le trône de Valachie se trouva vacant. C'est à ce moment-là que Vlad senior eut des difficultés à sécuriser son trône, car Jean Hunyadi, le gouverneur hongrois, désigna Vladislav II – qui venait d'un autre côté de sa famille – à ce poste. Les Hongrois assassinèrent donc aussi Vlad senior.

Alors qu'il avait une vingtaine d'années, Vlad se rendit en Moldavie, en Roumanie du nord. Des années plus tard, il revint en Transylvanie, curieusement accompagné de Jean Hunyadi, alors que Vladislav II adoptait des mesures de clémence envers les Turcs. Finalement, Hunyadi abandonna le trône de Valachie à Vlad Dracul.

Dans le *Dracula* de Bram Stoker, il est évident que le vrai Vlad Dracula a largement inspiré les bases du personnage de fiction. Dans le roman, Van Helsing explique que ce vampire semble être le Dracula qui a combattu les Turcs dans le passé. Et une fois encore, il relie le mal absolu au véritable Vlad Dracula, en indiquant que ce dernier et sa famille étaient bien connus pour être de mèche avec Satan.

Les paysans roumains commencèrent à faire référence à Vlad Dracula comme d'un « Dracula » parce qu'ils le considéraient comme un « dracul », c'est-à-dire un dragon ou un diable. Dracula signifie littéralement « fils de Dracul », ou « fils du dragon ou du diable ». En vérité, Dracul et Dracula sont des surnoms, avec des variantes comme Draculia, Dracole, Draculya, entre autres.

Il est intéressant de noter que les descendants de Vlad Dracula furent aussi considérés comme mauvais. Leurs surnoms reflétaient le sentiment qu'avait leur peuple envers eux, de personnes cruelles et de mèche avec le diable. Il existe une vieille croyance populaire qui dit que les péchés du père éclaboussent les fils, c'est-à-dire que si votre père est Vlad Dracula l'Empaleur, pendant des générations les gens penseront que votre famille est liée à Satan. Par exemple, le fils de Dracul fut connu sous le nom de Mihnéa le Mauvais, et un de ses descendants fut surnommé le Petit Empaleur.

Quand Hunyadi mourut de la peste en 1456, Vlad Dracul fit immédiatement le trajet retour de la Transylvanie en Valachie, avec ses hommes. Il tua Vladislav II, et jura – pour la forme – allégeance au roi des Hongrois ainsi qu'au sultan turc. Il était alors en position de se venger de tous ceux qui avaient blessé ou tué quelqu'un de sa famille. Il exerça son règne dans une extrême violence pendant six années.

Le jour de Pâques, en 1459, Vlad Dracul festoya toute la journée et fit ensuite arrêter toutes les familles de dignitaires ayant côtoyé son père et son frère. Il les considéra tous comme responsables des morts de sa famille, et décida de terroriser tous ceux à qui il viendrait l'idée de s'en prendre de nouveau à ses proches.

Il fit empaler l'homme le plus âgé des dignitaires devant son palais, et laissa les corps empalés des autres pourrir et empester l'atmosphère pour bien rappeler à tout le monde de ne plus jamais essayer de se jouer de lui.

Il fit ensuite marcher le reste de tous les aristocrates, marchands et citadins jusqu'à une ville nommée Poenari, où il les força à construire son nouveau château – Le Château de Dracula.

Si l'on peut trouver un vague point positif à Vlad Dracula, ce pourrait être d'avoir donné des terres et des postes importants aux familles dirigeantes qui le servirent. N'oublions pas que son grand-père, son père et son frère ont tous été assassinés. Malgré tout, rien ne justifie qu'on puisse torturer et empaler, ce qui va bien au-delà de la simple cruauté.

En fait, même son propre peuple était terrifié par ce Vlad qui empalait tant de gens qu'on allait bientôt l'appeler l'Empaleur. Il attaqua aussi les églises catholiques, orthodoxes et romanes, avec une haine toute particulière pour les monastères catholiques, qu'il considérait comme des refuges pour les étrangers. Si un villageois faisait quoi que ce soit qui ait pu offenser Vlad, il faisait empaler sur-le-champ tous les habitants du village. Sa vengeance était folle et incontrôlable.

Si des étrangers faisaient semblant d'ignorer ses lois commerciales, il envahissait leur pays et faisait empaler tous les malheureux qui se trouvaient là. Le supplice du pal a été décrit tout particulièrement par Raymond T. McNally et Radu Florescu dans leurs ouvrages *In Search of Dracula* et *Dracula : Prince of many Faces, his Life and Times*. D'après *In Search of Dracula*, publié par Houghton Mifflin Company en 1994, le véritable Vlad Dracula était « un authentique humain tout aussi horrifiant que les vampires des livres et des films – un prince du XVe siècle qui avait été lui-même le sujet de nombreuses histoires d'horreur de son vivant[1]. »

Un vestige du château de Dracula existe toujours en Transylvanie, en haut de la montagne où il fut construit par les esclaves de Vlad. Des ravins de plusieurs centaines de mètres de profondeur bordent ces ruines. Il se situe bien dans les environs un col de Borgo, comme l'a décrit Bram Stoker dans son livre. Il faut savoir également que la région entourant le château de Dracula était infestée de loups hurlant par meutes entières la nuit, et

---

[1]. Raymond T. McNally et Radu Florescu, *In Search of Dracula* (New York : Houghton Mifflin Company), 1994, p. 3.

que les chauves-souris qui remplissaient alors le ciel étaient craintes comme des démons par les villageois.

Selon Raymond T. McNally et Radu Florescu, Vlad Dracula était si cruel que les Allemands, les Turcs, les Slavons et les Byzantins pensaient tous qu'il était fou. Il n'hésitait pas à torturer et à empaler des hommes, des femmes – même enceintes –, des enfants et des bébés de tous les milieux, qu'ils fussent hongrois, allemands ou roumains.

Son peuple raconte que les tortures allaient bien au-delà du pal. Il décapitait ses victimes, les brûlait vives, les faisait bouillir et leur coupait les membres. Il fit encore bien pire que tout cela, mais je ne rajouterai pas à l'horreur du détail de toutes les tortures auxquelles il se livra. Alors qu'il se posait des questions sur ce qu'il deviendrait après sa mort, Vlad reçut pour réponse de la part d'un moine que même Satan ne voudrait pas de lui en enfer, tant sa cruauté et sa folie étaient grandes. On dit qu'en entendant cela, Vlad se mit dans une telle colère qu'il fit empaler non seulement le moine en question, mais aussi son âne[1].

Il est donc évident que le véritable Dracula, Vlad l'Empaleur, était mauvais au-delà de l'entendement humain. Edward Cullen et sa famille n'ont rien de commun avec lui. Même les pires vampires de la saga *Fascination*, comme James, qui essaie de tuer Bella, le clan des Italiens Volturi, qui veulent aussi sa mort, ou Victoria, qui pourrait l'éliminer, sont de vrais agneaux comparés à Vlad Dracula.

Ces mauvais vampires posent beaucoup de problèmes à Bella, principalement parce qu'ils cherchent à boire

---

1. Ibid., pages 80-87.

son sang. Pourtant, ils ne sont pas vraiment malfaisants. Ils sont dangereux et méchants, ils mettent constamment les hommes en danger, mais ils ne se réjouissent pas d'atrocités comme d'empaler, de bouillir ou d'écorcher vives leurs victimes. Ils ont juste envie de sang.

Être un bon vampire, par rapport à un mauvais, signifie donc que vous essayez de ne pas blesser les humains, que vous buviez leur sang ou non. Les vampires de bonne moralité, comme Edward et la famille Cullen, boivent le sang d'animaux malgré leur désir brûlant de sang humain.

On pourrait imaginer que l'équivalent de traîner au bar pour un vampire serait de se promener dans une banque du sang. Qui sait si les vampires de bonnes mœurs ne vont pas au centre de transfusion sanguine de leur hôpital, le soir, après le boulot, pour se prendre un ou deux petits remontants, histoire de bien commencer la soirée ?

Il y avait déjà quelques bons vampires avant la famille Cullen. Vampirella, créée par l'écrivain Forrest J. Ackerman, était issue de la planète Drakulon dans l'hyperespace. On la vit pour la première fois en 1969 dans une bande dessinée qui lui était entièrement consacrée. Sur Drakulon, les gens buvaient du sang à la place de l'eau, et si Vampirella arborait de longues canines menaçantes, elle n'en regrettait pas moins tout le mal qu'elle pouvait parfois causer aux humains.

LE « BON » VAMPIRE D'ANNE RICE

Anne Rice est l'auteur de l'une des séries sur les vampires les plus connues de tous les temps. Certains de ses vampires sont incroyablement beaux et romantiques : totalement irrésistibles. Ils ont quelques points communs avec Edward Cullen, comme se refuser à boire du sang humain malgré leur attirance pour cela. Edward n'est donc pas le premier du genre, même si, bien sûr, la construction de son personnage le rend tout à fait unique.

Le vampire d'Anne Rice, Louis, sait qu'il doit boire du sang humain pour survivre, mais il pense que cela est mal. Et pas plus qu'Edward, il ne veut s'abaisser à faire quelque chose d'immoral. Pendant quatre ans, Louis va donc se nourrir de sang animal, tout comme la famille Cullen, afin de ne pas s'en prendre aux humains. Edward explique que boire le sang des animaux, pour les vampires, c'est un peu comme de suivre un régime végétarien pour les humains. Louis ne trouve également que peu de satisfaction à cela.

Dans le cas d'Edward, il se refuse à transformer Bella en vampire. Il maintient son choix de ne pas faire le mal, ce qui implique qu'il résiste à la tentation de boire du sang humain et d'engendrer d'autres vampires. C'est à peu près la même chose pour Louis. Mais finalement, au bout de quatre ans, le besoin de sang humain se fait trop fort. Il revient à ce qu'il considère comme les mauvaises habitudes vampiriques, mais se refuse à créer d'autres vampires après avoir transformé le personnage de Madeleine.

Un autre vampire d'Anne Rice, Lestat, doit lui aussi affronter le dilemme moral du bien contre le mal : boire du sang animal ou humain. Quand Lestat était un homme, il était très bon et très droit. Devenu vampire, il se débat avec sa conscience, contre les désirs infâmes qui le consument désormais. Anne Rice est la reine du conflit du bien et du mal dans ses personnages de vampires. Son Lestat décidera finalement de boire le sang des tueurs en série, pour tourner en bien le mal qu'il fait. Mais bien sûr, en proie à son désir, il finira tout de même par tuer des innocents, et devra bien admettre qu'il est un vampire, une entité malfaisante par définition, et que tel est son destin.

Quelque temps plus tôt, avant de succomber à son destin, Lestat se met à la recherche de Marius, un vieux vampire qui pourrait l'aider à supporter son dilemme. Dans la saga *Fascination*, Stephenie Meyer a choisi de mettre Edward au sein de son havre personnel, la famille Cullen. Nul besoin de se lancer à la recherche d'un vieux et sage vampire : il vit déjà avec de bons vampires, dans cet endroit calme et retiré qu'est Forks.

Dans l'œuvre d'Anne Rice, Marius est un vampire de bonne moralité. Il dédie sa vie éternelle à la création du beau dans le monde, dans l'espoir que cela puisse aider à éteindre les pulsions négatives. À son époque, au XVe siècle, Marius était un noble qui se consacrait à la peinture religieuse.

Un autre « bon » vampire était Barnabas Collins, dans la série télé *Dark Shadows*. Cette série fut diffusée de 1966 à 1971, et relancée en 1991. Barnabas, joué par Jonathan Frid, fit sa première apparition en 1967, à l'épisode 210. Il avait besoin de sang pour vivre, et tuait donc par nécessité. Mais c'était avant tout un personnage romantique qui devint extrêmement populaire auprès du public féminin.

Il n'est pas inintéressant de noter que le loup-garou Quentin Collins – dont le nom est tiré du personnage de Quint dans *Le tour d'écrou* d'Henry James – et ses descendants sont tous condamnés à être des loups-garous. Dans *Dark Shadows*, le vampire Barnabas et Quentin le loup-garou parviennent à se comprendre. Jacob Black, un Indien Quileute, est l'homologue loup-garou d'Edward dans *Fascination*. Mais nous parlerons des loups-garous et de leurs liens avec les vampires dans un prochain chapitre. Pour le moment, nous nous intéressons aux bons vampires qui ont existé avant Edward Cullen.

Il existe aussi un vampire du nom de St-Germain, œuvre du très talentueux écrivain Chelsea Quinn Yarbro. St-Germain a quatre cents ans, c'est un homme à femmes aux émotions très humaines. Lorsqu'il suce le sang d'une personne, il se sent empli d'une extase romantique, même s'il n'a besoin que de très peu de sang pour survivre.

Dans les années 1990, on vit apparaître Nick Night, le bon vampire policier (je ne plaisante pas). La série télé *Forever Knight* eut un énorme succès auprès des fans de vampires. Âgé de huit cents ans, Nick Knight, joué par Rick Springfield, se nourrit de sang en bouteilles, afin de ne pas avoir à mordre les gens. Il vient de rompre avec sa petite amie vampire afin d'essayer de redevenir plus humain.

Après lui viendra notre Edward Cullen, incarnation ultime du bon vampire.

QUIZ FAÇON VAMPIRE.RENCONTRE.COM

Bien, nous savons toutes maintenant qu'il existe quantité de sites de rencontres en ligne, où l'on peut mater des mecs et élire le plus mignon. Il arrive même parfois que des gens tombent vraiment amoureux par ce biais. Alors imaginons qu'il existe un site vampire.rencontre.com, et que vous alliez y faire un tour dans l'espoir d'y trouver l'amour vampire de votre vie.

Imaginons encore qu'Edward Cullen y soit inscrit – probablement pas de son propre fait. Testons votre disposition aux vampires : jusqu'où iriez-vous pour être avec l'homme de vos rêves ? Seriez-vous prête à vivre avec Edward Cullen ? Entourez vos réponses, puis comptez vos points.

1. Seriez-vous capable de boire du sang, et rien que du sang, pour le reste des temps ? Oui ou Non.

2. Préféreriez-vous cambrioler les banques du sang et traîner à la Croix Rouge plutôt que de sucer le sang de vos amis ? Oui ou Non.

3. Seriez-vous prête à chasser le daim et l'ours la nuit pour avoir votre repas de sang ? Oui ou Non.

4. Voudriez-vous vivre pour toujours ? Oui ou Non.

5. Seriez-vous prête à tuer des gens pour boire leur sang et rester en forme ? Oui ou Non.

6. Aimez-vous la couleur noire ? Je veux dire, l'aimez-vous énormément ? Oui ou Non.

7. Supporteriez-vous de voir vos anciens amis et parents devenir vieux puis mourir alors que vous auriez toujours 17 ans ? Oui ou Non.

8. Cela vous dérangerait-il de transformer ceux que vous aimez parmi les humains en vampires ? Oui ou Non.

9. Aimeriez-vous pouvoir soulever des voitures, courir presque à la vitesse de la lumière et sauter par-dessus des maisons ? Oui ou Non.

10. Pourriez-vous détester les loups-garous, même si vos meilleurs amis en sont devenus ? Oui ou Non.

11. Actuellement, l'un de vos amis est-il un loup-garou ? Oui ou Non.

Votre Score

Pour avoir une chance d'approcher Edward Cullen sur vampire.rencontre.com, vous devez avoir au moins six points. Comptez-vous un point si vous avez répondu Oui aux questions suivantes : 1, 2, 3, 4, 7, 9 et 10.

Si vous avez répondu Oui à la question 5, il vaudrait mieux vous trouver un autre genre de vampire : Edward n'est pas pour vous. Quand bien même vous seriez un super mannequin avec la personnalité la plus attachante, Edward ne voudra jamais d'une fille qui mord le cou des humains.

Si vous avez répondu Oui à la question 6, vous ne marquerez probablement guère de points avec Edward. Souvenez-vous qu'il n'est pas gothique, qu'il n'est pas particulièrement branché par la couleur noire, et qu'il ne porte pas non plus de cape façon Dracula.

Si vous avez répondu Oui à la question 8, abandonnez tout de suite tout espoir de sortir avec Edward, ou avec tout autre vampire du même genre. Il est clair qu'il se refuse à faire des vampires de ceux qu'il aime.

Si vous avez obtenu six Oui sur les sept que vous auriez pu avoir en commun avec Edward, ne vous affolez pas. Edward est un garçon sympa, qui ne vous barrera pas le passage pour un malheureux petit point.

Par contre, si vous avez répondu Oui à la question 11, laissez vraiment tomber. Regardons les choses en face : si vous croyez que l'un de vos amis est un loup-garou, on peut en déduire que vous êtes complètement cinglée, et Edward est un mec trop fabuleux pour se trimballer un cas comme vous. Alors bougez de là, et allez vous chercher un autre vampire, du style Nick Knight ou Barnabas Collins !

CHAPITRE 7

LOUPS-GAROUS SEXY :
VELUS, COSTAUDS ET SENSIBLES...
COMMENT NE PAS LES AIMER ?

Tous ceux à qui j'ai parlé d'Edward Cullen s'accordent à dire que c'est le garçon le plus adorable qu'on puisse imaginer. Quand je parle à des fans de *Fascination*, la plupart mentionnent deux choses : tout d'abord, qu'elles adorent la saga parce que Stephenie Meyer est un écrivain extraordinaire. Et ensuite, qu'elles sont folles d'Edward Cullen. Mais qu'en est-il de Jacob Black, ce loup-garou de 16 ans dans la série ? Il est le meilleur ami de Bella, et elle l'aime aussi beaucoup.

Dans le premier volume, *Fascination*, Jacob, amérindien de souche, a 15 ans. Bella le trouve naïf et innocent, beaucoup trop jeune pour elle, même si les tentatives de séduction du garçon sont attendrissantes. Il s'avère fréquemment que les garçons qui nous courent après ne sont pas ceux que nous aimerions. Les plus sympathiques ne sont d'ailleurs pas forcément les plus courtisés par les filles. Il arrive que de beaux et gentils garçons ne parviennent pas à leurs fins. Prenez Mike Newton, par exemple, le mignon petit blond qui drague Bella dans le premier livre : c'est quelqu'un de bien et elle l'aime beaucoup, mais juste en tant qu'ami.

L'amour a ceci de bizarre : c'est une attirance qu'il est difficile d'analyser rationnellement. Soit on craque pour quelqu'un, soit pas. C'est pourquoi l'on dit que l'amour est une histoire de chimie et d'étincelles. Après tout, les coups de foudre existent bel et bien, et l'on ne connaît pas la personne que l'on voit pour la première fois.

Il existe un vaste marché du conseil en relations amoureuses, incluant par exemple des astuces pour les garçons afin que les filles les trouvent plus attirants. Bien sûr, il y a tous ces trucs débiles qu'on entend, qui prétendent par exemple que les filles ne veulent que des hommes riches et/ou puissants.

C'est un stéréotype absurde, selon moi et aussi selon toutes les filles et femmes avec lesquelles j'ai eu l'occasion de discuter. Cela peut être vrai pour les chercheuses d'or, j'imagine, mais pas pour les autres !

Certains experts du couple prétendent que les filles choisissent inconsciemment les hommes qui feraient de bons pères potentiels. Cela est peut-être vrai quand une fille arrive à l'âge où elle veut s'installer, mais cela ne peut en aucun cas être la seule raison pour laquelle un mec nous fait craquer.

D'autres experts, dont des scientifiques[1], pensent que les femmes sont attirées par les gros machos pendant leur ovulation, mais que le reste du temps, nous préférons les sensibilités plus féminines. Une fois de plus, je n'ai rien constaté de tel ni dans mon entourage, ni chez moi. Il semble plus vraisemblable que nous choisissions des types sexy (voire des gros machos) à des fins sexuelles, mais que lorsqu'il s'agit d'amitié ou de rela-

---

1. Voir par exemple : http://news.bbc.co.uk/1/hi/sci/tech/376321.stm.

tion sérieuse, nous choisissions ceux qui sont à la fois machos *et* sensibles.

Ces soi-disant experts scientifiques vont même jusqu'à dire que les femmes sont infidèles à leur homme afin d'assurer les meilleurs gènes masculins à leurs enfants. Il serait confortable de rester avec un homme « féminin » sur la durée, mais nous voudrions aussi des aventures avec des hommes hypermachos en même temps.

Si cela est vrai, une fille comme Bella choisira plutôt une relation durable avec Jacob qu'avec Edward. Elle garderait Edward pour l'aventure sexuelle, et Jacob comme éventuel mari ou compagnon de vie. Dans le premier livre, Edward est un vrai macho – un macho sensible, cela dit, un spécimen très rare – alors que Jacob se montre sensible, doux et attentionné. Mais combien d'entre nous épouserait le Jacob du premier livre plutôt qu'Edward ? À mon avis, très peu.

Bien sûr, une fois que nous découvrons que Jacob est un loup-garou, son côté féminin s'efface complètement. Il est toujours sensible, doux et attentionné d'une certaine manière, mais il devient aussi hostile et agressif dans ses phases de loup-garou. Au fil des volumes, il ressemble parfois presque à Hulk ou à un type bourré de stéroïdes anabolisants : tantôt charmant, tantôt pris de rages folles, même sous sa forme humaine.

À 16 ans, Jacob mesure presque 2 mètres et est extrêmement musclé. Il est qualifié de beau mec, mais malgré tout, Bella lui préfère Edward, ainsi que la plupart des lectrices.

Quand Edward quitte Bella pour une longue période dans *Hésitation*, elle passe la plus grande partie de son temps avec Jacob. Il lui dit qu'il l'aime, et l'embrasse même contre son gré. La plupart des lecteurs l'auront vu venir, car il semblait évident que Jacob était tombé amoureux de Bella dès sa première apparition dans *Fascination*. Nous apprenons ensuite que les loups-garous sont d'une grande violence, qu'ils ont le sang chaud, et qu'ils passent de l'état humain à celui de loup-garou quand ils sont en colère. Ils se couvrent alors de poils et deviennent surpuissants, même si, comme Jacob, ils peuvent aussi conserver leur sensibilité d'humain.

Les loups-garous comme Jacob sont donc velus, costauds et sensibles… alors, comment ne pas les aimer ? Les trouvez-vous sexy ? Si non, est-ce parce qu'ils ressemblent à des bêtes sauvages ? Si vous ne les trouvez pas séduisants pour cette raison, alors pourquoi êtes-vous attirée par les vampires, qui, après tout, prennent aussi la forme de loups ou de chauves-souris ?

Peut-être est-ce dû au fait que lorsqu'un loup-garou attaque physiquement une femme, il revêt la forme d'un loup, et non d'un homme ; de plus, il ne la charme pas de son regard et de sa voix, et il ne lui injecte pas un venin pour l'insensibiliser. Quand un vampire attaque, il hypnotise sa proie, lui anesthésie le cou, et lui apparaît dans des visions romantiques, généralement celle d'un homme fort et beau aux yeux captivants. Alors que les loups-garous ne sont… que des loups.

Là où le vampire nous tourmente avec romantisme, le loup attaque brutalement, nous cloue au sol sous sa forme animale, avant de se régaler de nous, généralement jusqu'à ce que mort s'ensuive. C'est une mort horrible, autant que de se faire attaquer et dévorer par n'importe quelle autre bête.

Le mot loup-garou, lui-même, n'est pas aussi simple à définir que celui de Dracula – fils du démon-dragon –, puisque *garou* signifie déjà homme-loup à lui tout seul.

L'ensemble vient donc renforcer la notion évoquée. C'est en 1212 que fut pour la première fois mentionné par écrit le terme anglais de *werewolf* pour désigner un loup-garou. Puis, au début du XIVe siècle, ce mot fut utilisé abondamment dans le poème *The Romance of William of Palermo*. De nombreux experts s'accordent à dire que le mot loup-garou vient du cumul des notions de mal, d'homme et de loup[1].

Dans le film de 1941 *Le Loup-garou*, avec Lon Chaney, la lycanthropie est décrite comme une maladie de l'esprit lors de laquelle les hommes se prennent pour des loups. Le père du loup-garou espère que son fils souffre de lycanthropie, mais que tout cela se passe uniquement dans sa tête – il lui est difficile d'admettre l'idée que son fils est réellement devenu un loup-garou. Dans ce film, le symbole du loup-garou est le pentagramme, l'étoile inversée à cinq branches, signe du diable.

Lorsque Larry Talbot, alias le Loup-Garou, retourne dans le château de son pays de Galles natal pour retrouver son père, nous voyons en lui un homme gentil, doux et attentif. Selon nos critères actuels, ses méthodes de drague paraissent naïves et quelque peu loufoques. C'est en tout cas un homme droit et un bon citoyen, pas vraiment beau, mais grand et musclé.

Peut-être vous souvenez-vous que Jacob Black ressemble à ce Larry Talbot. Jacob est également décrit comme étant gentil et attentif, avec des méthodes de drague un peu naïves ; il a une moralité saine et c'est un bon citoyen. De même, Jacob n'est pas très beau, mais il est grand et musclé.

Dans *Le Loup-garou*, la créature y est décrite comme un gentleman au cœur pur, qui se change en loup-garou

---

1. Ian Woodward, *The Werewolf Delusion*, New York : Paddington Press Ltd, 1979, p. 238-240.

à la tombée de la nuit, mais seulement lors de la floraison de l'aconit tue-loup. Larry Talbot et Jacob Black sont du même genre, à ceci près que Jacob ne devient loup-garou qu'à 16 ans, quand il est vraiment un « homme ». Dans le film, quand il se fait attaquer et mordre par un loup-garou, un homme ordinaire se transformera ensuite la nuit pour ressembler exactement à la bête qui l'a mordu.

L'aconit tue-loup existe vraiment, c'est une plante aux fleurs jaunes que les anciens romains appelaient le *lycotonum*. La lycanthropie elle-même provient de la mythologie grecque, où Zeus se mit en colère contre Lycaon et le transforma en loup. D'autres auteurs anciens comme Virgile écrivirent que la lycanthropie était due à des problèmes médicaux tels que la dépression ou l'ingestion de certaines substances. La lycanthropie a également été considérée comme une disposition génétique, dans laquelle les poils de certains hommes poussent à une longueur excessive sur tout leur corps. Dans des temps plus reculés, quand un homme était recouvert de ce qui pouvait s'apparenter à de la fourrure, les gens pensaient qu'il pouvait être un loup-garou et prenaient les mesures adéquates : le tuer d'une balle d'argent, ou le battre jusqu'à la mort à l'aide d'un bâton avec un manche en argent.

Vous l'auriez deviné, l'aconit tue-loup est un poison mortel capable de tuer les loups. À l'époque médiévale, les villageois chassaient les loups avec des flèches dont la pointe était imprégnée de sa substance active, et si un loup les harcelait, ils pensaient qu'un peu de poison d'aconit tue-loup pourrait faire l'affaire pour le repousser.

Par exemple, ils en mettaient un peu sur leur porte, croyant que le loup serait effrayé et repartirait dans la nuit en hurlant, loin du village.

Larry Talbot finit par convaincre la fille de ses rêves de l'accompagner un soir à un bal costumé. Comme dans beaucoup de vieux films, il porte un costume trois pièces avec cravate et chapeau, et elle une robe étroite, bien coupée et très chic, avec des talons hauts. Ils marchent dans une forêt humide et boueuse, serpentant dans un épais brouillard. (D'ailleurs, si vous regardez ce film, ce que je vous recommande vivement, faites attention à tout le brouillard qu'on y voit : à mon avis, la moitié du budget du *Loup-garou* a été dépensée en humidificateurs et autres équipements pour créer cette brume !)

Comme il se faisait souvent à l'époque, bien que Larry ait l'air d'avoir 30 ans et elle 25, ils sont chaperonnés par une amie de la jeune femme.

Lors du bal costumé, un diseur de bonne aventure, joué par Bela Lugosi, voit un pentagramme dans la main de cette jeune femme, et lui prédit qu'elle sera tuée par un loup-garou. Des loups se mettent alors à hurler, il y a de l'aconit tue-loup partout, et avant qu'on puisse s'en rendre compte, la copine pousse un cri strident, Larry la poursuit et la voit se faire sauter à la gorge par un loup qui la tue sur-le-champ. Une façon pas très romantique de mourir, bien moins en tout cas que d'avoir un bel homme vampire blotti dans votre cou anesthésié, et transi de désir à la simple évocation de votre existence. Non, le loup-garou est décidément bien différent : il se contente d'égorger les filles alors qu'elles hurlent de terreur et de douleur.

Larry et le loup se battent ensuite, et le loup mord Larry à la poitrine… le métamorphosant à son tour en loup-garou.

Résumons maintenant ce que nous savons du sex-appeal des vampires et des loups-garous. Je vous dirai ce qui me plaît en eux, et vous aussi.

Caractéristique	Un vampire comme Edward ?	Un loup-garou comme Jacob ?	Ceci plaît-il à Lois, l'auteur de ce livre ?	Ceci vous plaît-il, à vous ?
Grand	√	√	√	
Beau comme un dieu	√		√	
Moyennement beau, mais seulement sous forme humaine		√		
Extrêmement musclé	√	√	√	
Rasé de près	√		√	
Pilosité développée		√		
Nez et profil de dieu grec	√		√	
Grand nez façon museau de loup		√		
Mains délicates	√		√	
Pattes		√		
Ongles longs	√			
Griffes		√		
Yeux dorés hypnotiques	√		√	
Yeux de fouine		√		
Corps velu		√		
Court sur ses deux jambes	√		√	
Court à quatre pattes		√		
Voix rassurante et douce comme le miel	√		√	
Grognements, hurlements de bête		√		
Vous mordille le cou	√			
Vous égorge		√		
Sensible et attentionné	√	√	√	
Passionnément amoureux	√		√	
Vous aime de façon romantique, mais ne vous fait pas vibrer		√		
Immortel	√			

Vous savez maintenant quels goûts nous avons en commun au sujet des hommes. J'ignore ce que vous avez noté dans votre colonne, mais j'espère que vous n'avez pas mis qu'un mec courant à quatre pattes en hurlant sous la lune vous semble craquant !

CHAPITRE 8

À QUOI S'ATTENDRE QUAND ON TOMBE AMOUREUSE D'UN LOUP-GAROU ?

Très clairement, si votre homme est un loup-garou, ne vous attendez pas à ce qu'il soit à la maison le soir. Il traîne en ville pour de mauvaises raisons, il faut bien regarder la vérité en face.

Tout gentil qu'il soit, un loup-garou comme Jacob ne s'améliorera pas. Il sortira chasser tous les soirs : attendez-vous à devoir laver pas mal de sang à son retour. Il en salira les tapis, les sols, le canapé et même les murs. Rendez-vous à l'évidence : vous passerez le reste de votre vie à nettoyer du sang tous les matins, comme si vous viviez avec un serial killer.

Si malgré tout vous décidez de vivre avec votre loup-garou, choisissez des vêtements en plastique ou en vinyle, sans quoi toute votre garde-robe sera ruinée en moins de deux. Mettez au minimum des sacs plastiques sur vos habits habituels, ainsi que des bâches en plastique sur vos chaises, canapés, etc. – celles utilisées par les peintres, par exemple, sont idéales. Achetez-en une bonne centaine, et mettez-en partout.

J'espère que vous aimez le plastique, que vous l'adorez, même !

À part le plastique, vous devrez investir dans un bon savon, pour que votre homme puisse se laver du sang et de la chair de ses victimes en rentrant au petit matin. Il vous en faudra aussi beaucoup pour faire le ménage après sa toilette matinale. Ne vous embêtez pas avec du linge blanc ou jaune citron, qui deviendra bien vite rose. Achetez plutôt quelques douzaines de serviettes que vous laverez avec du rouge qui déteint, afin de vous habituer à cette couleur.

Je vous suggère de bazarder votre télévision afin de ne pas regarder le journal du soir, avec ses reportages quotidiens sur les massacres perpétrés dans votre voisinage par des loups-garous. Pour cette même raison, pas de connexion internet non plus. Et quand vous sortez, où que vous alliez, il serait pertinent de porter foulard et lunettes noires, afin que personne ne vous reconnaisse. En effet, une fois que les gens commenceront à voir comment vous vivez – un mari sorti tous les soirs qui roupille toute la journée, personne autorisé chez vous avant d'avoir fait vos cinq heures de récurage quotidien, etc. –, vos voisins et anciens amis vous éviteront au point de totalement vous ostraciser. Si vous ne portez pas foulard et lunettes noires, vous pourriez même vous faire jeter des pierres ; faites donc bien attention !

Veillez à ce que votre homme se brosse les dents et fasse des bains de bouche quand il rentre à cinq heures du matin, et n'acceptez aucune excuse pour qu'il s'y dérobe, sans quoi vous subirez son haleine de viande pourrie toute la journée. Je ne peux même pas imaginer comment vous faites pour embrasser ce type.

N'oubliez pas que vous vous êtes éprise d'une sorte de cannibale, qui égorge des femmes et se régale de leur chair. C'est un loup-garou, il n'y a pas à tortiller.

En ce qui concerne Bella Swan, elle serait peut-être sortie avec Jacob Black s'il n'y avait pas eu Edward

Cullen. La tribu des Quileutes est une ancienne meute de loups-garous, et ils ont toujours haï à mort les vampires. Même si la famille d'Edward ne représente aucune menace pour eux ou pour les autres humains, ils détestent les Cullen. C'est une querelle de sang comme il en existe depuis la nuit des temps, et qui risque vraisemblablement de perdurer *ad vitam aeternam*, à moins que Stephenie Meyer ne décide de les réconcilier dans le quatrième tome.

Il est donc évident que si Bella sortait avec Jacob, elle perdrait aussitôt l'amitié d'Edward et de sa famille, qui sont tous des vampires. Elle devrait choisir le camp de son homme.

De la même façon, toute fille s'installant avec un loup-garou ferait mieux de garder ses distances avec lui autant que possible. Pas très compatible avec une vraie relation, n'est-ce pas ? Mais étant donné qu'un loup-garou comme Jacob est susceptible d'exploser de colère à n'importe quel moment et de devenir violent, sa petite amie ou sa femme aurait tout intérêt à apprendre à garder ses distances, et à courir très vite si besoin !

Bien sûr, si vous êtes avec un loup-garou, comme pour le vampire, vous n'aurez plus à vous inquiéter en vous promenant seule dans les bois la nuit : vous êtes en sécurité. Si votre mec est un loup-garou et qu'un vampire, une bête ou un violeur s'en prend à vous, des dizaines de loups apparaîtront pour supprimer l'agresseur. Vous pourrez passer votre vie entière à marcher la nuit dans la forêt. C'est mieux que de se faire jeter des pierres par les voisins, non ?

Imaginons que votre loup-garou ressemble à Taylor Daniel Lautner, qui incarne Jacob Black dans le film *Twilight*. Taylor a 16 ans, des cheveux noirs épais et ébouriffés, mais il ne fait pas deux mètres de hauteur avec des muscles plein les manches. Nous dirons qu'il a grandi et fait de la musculation pour pouvoir s'identifier à Jacob.

Avec un garçon de presque deux mètres qui se transforme en loup-garou toutes les nuits, sa petite amie devra passer pas mal de temps dans les magasins du coin. Non seulement il fait une taille peu commune, mais il déchire chemise et pantalon chaque soir lors de sa métamorphose ! Je vous suggère donc de trouver le moyen d'importer ça en gros, directement de l'usine de fabrication.

Plutôt que de rechercher un look gothique, souvenez-vous que vous n'êtes pas avec un vampire, mais avec un loup-garou. Ils ne sont ni pâles, ni cireux, et le look maigre et délavé n'est pas leur genre. Vous pouvez donc jeter le fond de teint blanc, les émulsions bleutées, les rouges à lèvres noirs et autres lentilles de contact dorées. Il va vous falloir repenser entièrement votre conception du maquillage.

Deux choix s'offrent à vous. Si vous voulez vraiment exciter votre loup-garou chéri, il peut être judicieux de vous laisser pousser les poils au maximum, voire même de vous en coller des faux, pour être bien velue (gloups !). Si vous êtes plutôt comme moi et préférez garder les loups-garous à distance, oubliez tous ces poils et reprenez votre attirail habituel de fille.

Mais nous sommes en train d'imaginer que vous êtes tombée amoureuse d'un personnage comme Jacob, ce qui implique d'essayer de lui plaire, n'est-ce pas ? Dans *Tentation*, Bella réalise qu'elle aime aussi Jacob, même si elle aime Edward plus fort encore. Jacob lui déclare qu'il sera là pour elle quoi qu'il arrive entre elle et Edward. Bella aime donc ce loup-garou, et si vous deviez rencontrer un Jacob plutôt qu'un Edward en cours de biologie, vous pourriez tomber amoureuse de lui sans avoir un Edward à aimer plus encore.

Si un tel cas se présentait, voici ce qu'il faudrait faire. Une fois votre loup-garou bordé, prêt à ronfler pour le reste de la journée, et votre ménage démentiel achevé, il vous reste quelques heures pour vous faire belle avant qu'il ne se lève et ne cherche à vous faire un gros câlin (maxi gloups !).

S'il a aimé l'humaine en vous, le temps passant, il pourrait avoir envie d'une femme plus à son image, et, à moins que vous ne souhaitiez le laisser partir en chasse pour autre chose que de la nourriture, il vaudrait mieux vous adapter un peu à lui.

Malheureusement, il n'existe aucun moyen simple de se retrouver couverte d'un beau pelage. Pour augmenter votre pilosité, vous serez peut-être tentée d'utiliser un traitement à base de testostérone. Votre désir de ressembler à une louve pourrait vous pousser à prendre des produits illicites, ce que je ne vous recommande pas du tout. Laissons donc tomber les hormones comme produits de beauté pour femme de loup.

Que pouvez-vous faire d'autre ?

Certains scientifiques prédisent que dans les prochaines années, il existera des traitements contre la calvitie qui reposeront sur la multiplication des cheveux et les techniques de clonage.

Les laboratoires espèrent pouvoir reproduire les cellules souches des follicules, et les injecter sous le cuir chevelu des hommes chauves. Vous pourriez essayer ça, même si se faire faire des injections sur tout le corps ne doit pas être très marrant. Tout comme les hormones et produits illicites, les injections ne constituent donc pas une coquetterie optimale.

Sinon, pourquoi pas des implants sur tout le corps et sur le visage ? Cette technique impliquerait que le praticien prélève chirurgicalement des bandes de peau velue à partir d'un donneur mâle. Ne me demandez pas pourquoi un médecin ferait ça pour vous ; un fou ! Ne me demandez pas non plus pourquoi un homme accepterait de se faire prélever de la peau, juste pour que vous puissiez vaguement ressembler à une louve ; un givré, lui aussi, et maso en plus ! Mais en admettant que vous trouviez cette paire de cinglés, soyez prête à passer un certain temps sur le billard. Le docteur devra ensuite greffer la peau velue *dans* la vôtre (maxi maxi maxi gloups !). Non, vraiment, je ne vous le conseille pas.

Laissez tomber, et achetez-vous un déguisement de loup-garou. Enfilez-le juste avant que Jacob ne s'éveille, vers huit heures le soir. Ça devrait suffire.

Si vous avez l'impression que votre costume n'est pas assez convaincant, vous pouvez aussi essayer de manger de la viande crue sur les coups de huit heures. Ainsi, quand votre homme se lèvera, vous embaumerez la chair fraîche, son parfum préféré.

Alors, que faire si vous tombez amoureuse d'un loup-garou ? Je vous suggère des années de psychothérapie !

CHAPITRE 9

Quiz sur les loups-garous

Peu de personnes aspirent à être loup-garou, mais apparemment, certains, comme Jacob Black ou Larry Talbot, n'ont pas le choix.

Que feriez-vous si, comme eux, vous appreniez soudain que vous êtes un loup-garou ? Voyons si vous seriez adaptée à une telle existence.

Question 1 : Aimeriez-vous être mordue par un loup-garou ?

- Oui   - Non

Question 2 : Agressez-vous les gens quand ils interrompent votre repas ?

- Oui   - Non

Question 3 : Vous mettez-vous dans de violentes colères ? Allons, soyez honnête, c'est entre vous et... eh bien, entre vous et vous-même, car je ne peux pas voir vos réponses.

Question 4 : Aimez-vous les loups ? Les trouvez-vous mignons, voire adorables ?

- Oui   - Non

Question 5 : Avez-vous vu le film *Danse avec les loups* ? Si non, aimeriez-vous le voir ?

- Oui   - Non

Question 6 : Si vous avez vu *Danse avec les loups*, combien de fois l'avez-vous regardé ?

- Au moins cent fois
- Je ne l'ai pas encore vu, mais je sais que c'est un film que je regarderai au moins cent fois

Question 7 : Avez-vous des amis loups-garous ?

- Oui   - Non

Question 8 : Quand vous vous réveillez, dégagez-vous une forte odeur d'excréments, de sang et de chien mouillé ?

- Oui   - Non

(Par pitié, dites-moi que vous n'avez pas répondu Oui à cette Question !)

- Oui   - Non

Question 9 : La pleine lune vous fait-elle à l'avance vibrer de plaisir ?

- Oui   - Non

Question 10 : Avez-vous tendance à vous réveiller nue chaque matin sans savoir pourquoi ?

- Oui   - Non

Question 11 : Hurlez-vous souvent à la mort ?

- Oui   - Non

Question 12 : Quelle est la couleur que vous aimez le moins ?

- Argent, comme des balles d'argent
- Une autre couleur

Question 13 : Êtes-vous particulièrement poilue ?

- Oui   - Non

Question 14 : Diriez-vous que vous êtes poilue au point de donner l'impression d'avoir une fourrure ?

- Oui   - Non

(Si vous avez répondu Oui à cette Question, merci de ne jamais m'adresser votre photo.)

Question 15 : Que préférez-vous faire pour vous détendre ?

- Courir dans la forêt en haletant, en bavant, et en humant l'air
- Faire des napperons au crochet

Question 16 : D'après vous, les gens sont :

- Des êtres avec une âme, que l'on doit protéger à tout prix
- De la boustifaille

Question 17 : Quand vous vous rassemblez avec la meute, je veux dire avec vos amis, que faites-vous ?

- Vous vous battez pour voir qui est le plus fort
- Vous discutez calcul et équations d'Einstein

Question 18 : Où sont les membres de votre famille ?

- Dans des forêts, certains dans des zoos
- Dans des maisons et des appartements

Question 19 : Que feriez-vous si vos grands-parents étaient très malades et proches de la mort ?

- Vous les laisseriez partir dans une gloire violente
- Vous les placeriez en maison de repos

Question 20 : Dans le bus, vous tombez sur votre ennemi juré. Que faites-vous ?

- Vous attaquez immédiatement
- Vous lui proposez une partie d'échecs

À la différence du quiz sur les vampires, quelque chose me dit que vous n'avez pas besoin d'une analyse de vos réponses. Si vous avez répondu sincèrement à ces vingt questions, vous savez déjà si vous êtes destinée à être loup-garou.

CHAPITRE 10

Bons et mauvais loups-garous

Aussi bons que des humains et aussi malfaisants que des loups-garous : c'est aussi simple que ça. Les loups-garous n'ont peut-être pas l'intention de mutiler et de tuer d'innocentes créatures, mais c'est pourtant ce qu'ils font. Ceci vaut aussi pour les vampires, il ne serait donc pas juste de mépriser le loup-garou pour cela, et notamment quand il a sa forme humaine. Prenons l'exemple de Jacob Black et de sa famille. Charlie, le père de Bella Swan, est très ami avec le père de Jacob, Billy Black. Lorsqu'Edward la quitte, Bella trouve du réconfort auprès de Jacob, au point de le considérer comme son soleil personnel. Bella cache leurs petites histoires de moto à son père, même si celui-ci préférera longtemps Jacob à Edward. Il arrive souvent que les pères préfèrent de jeunes hommes du genre de Jacob à ceux plus sexy, comme Edward, pour leur fille. Sans savoir s'il s'agit d'un vampire ou d'un loup-garou, beaucoup de pères ont une préférence pour ceux qu'ils perçoivent comme des garçons gentils et timides, à ceux qui sont beaux et sûrs d'eux. La plupart des mères, quant à elles, feraient plutôt le même choix que leur fille.

On ne peut assimiler Jacob Black à un méchant loup-garou, même sous sa forme de loup. Il me fait vraiment penser à Lon Chaney dans *Le Loup-garou*, mentionné dans un précédent chapitre. Même quand il est loup, Lon Chaney est tourmenté par le fait d'être loup-garou. Il voudrait ne pas mordre ou tuer des gens, mais un irrépressible besoin animal le force à agir ainsi.

Vous connaissez sûrement la citation : « Je pense, donc je suis. » Elle est attribuée au philosophe René Descartes, qui postulait que l'esprit et le corps sont séparés de nombreuses manières. Le fait que vous soyez une créature pensante implique votre existence en tant qu'entité individuelle, un être physique différent des autres. C'est la base de ce que les philosophes appellent le soi.

Les loups-garous aussi ont un soi. Ils pensent, ils ont une connaissance intime de la différence entre le bien et le mal, et de leur être physique.

Le Loup-garou de Lon Chaney symbolise parfaitement ces idées. Il fait fusionner la culture (l'état humain) et la nature (l'état animal). Il nous montre clairement que le soi est divisé, et que chaque individu est en lutte intérieure entre le bien et le mal. C'est un thème très courant dans les films et en littérature.

Il apparaît clairement que tout comme *Le Loup-garou*, Jacob est en proie à une bataille intérieure du bien contre le mal. Il est la fusion du primitif et du civilisé, de l'instinctif et du rationnel. Mais qu'en est-il de sa famille ? Sont-ils de bons ou de mauvais loups-garous ?

DE TRÈS MAUVAIS LOUPS-GAROUS

En 1923, en Allemagne, existait un groupe de terroristes connu sous le nom Werwolf[1]. Si ces terroristes prospéraient,

---

1. *Werwolf* signifie loup-garou en allemand (NdT).

ils ne firent pourtant que peu de mal avant que les nazis n'arrivent au pouvoir. La plupart d'entre eux furent arrêtés avant l'ascension d'Adolf Hitler, pour rejoindre ensuite les rangs du nazisme. Vers la fin de la Seconde Guerre mondiale, Josef Goebbels fit renaître le mouvement Werwolf. Leur tâche était de terroriser et d'éliminer tous ceux qui n'étaient pas nazis. Il y eut même des femmes parmi eux, qui versaient par exemple de l'eau bouillante sur les soldats alliés.

Lors du procès de Nuremberg, les dirigeants nazis reconnurent que le Werwolf officiait encore sous les ordres de Martin Bormann, secrétaire personnel d'Adolf Hitler et chef du parti de la Chancellerie.

Pas plus tard qu'en 1994, le soi-disant Werwolf menaça de faire sauter les cinémas qui projetaient le film de Steven Spielberg *La liste de Schindler*. Ce nouveau mouvement, fort d'une centaine de membres, revendiquait leur appartenance à l'organisation originale des Werwolf d'Allemagne. Qu'ils soient nouveaux ou anciens, tous ces *Werwolf* étaient absolument infréquentables, et d'une bien pire espèce que notre Jacob Black ou que le loup-garou de Lon Chaney.

Sam Uley est le chef des loups-garous. Lorsqu'il était au lycée, Sam avait une petite amie du nom de Leah Clearwater, mais lorsqu'il devint moitié humain moitié loup-garou, son clan lui demanda de ne jamais révéler sa vraie nature à Leah. Inutile de préciser que ce n'est guère le genre de secret qu'on a envie de cacher à sa copine. Il est déjà difficile de garder un secret du style « mon père est alcoolique », « mon frère est sorti avec ta cousine », ou pire, « je t'ai trompée avec ta meilleure amie ». Mais, considérant qu'il a le potentiel pour vous mutiler ou vous tuer, un garçon qui garde secrète sa nature de loup-garou est encore plus dangereux.

Sam quitta donc sa copine Leah pour une petite citadine, Emily Young, dont le visage portera vite les traces des manières brutales de son loup-garou de petit ami. Chaque fois que Sam voit les cicatrices d'Emily, il se sent terriblement coupable de ce qu'il lui a fait, tant elle était belle avant de tomber entre ses pattes.

Sam Utey n'est donc pas un mauvais loup-garou, lui non plus, en tout cas pas pire que les vampires Cullen. Il ne veut blesser personne, et certainement pas Emily, mais il ne peut pas plus se contenir qu'Edward ne peut maîtriser son besoin de sang.

Dans un sens, ces garçons me font penser à certains hommes violents. Ils mutilent, attaquent et blessent leur femme, puis, plus tard, disent qu'ils sont désolés de ce qu'ils ont fait, et leur femme reste avec eux. La différence est peut-être qu'en tant qu'humains, eux ne sont pas violents. Malgré tout, moi, je ne tolérerais pas d'être agressée par un loup-garou – ni par un homme –, puis de devoir lui pardonner de m'avoir défigurée à vie.

Il existe peut-être un loup-garou qui n'a vraiment rien de très aimable : Quil Atarea. C'est l'un des rares loups-garous en littérature qui se réjouisse de se transformer à la tombée de la nuit. Il « contamine » une petite de deux ans, ce qui n'est pas très honorable, et même s'il prétend qu'il sera toujours là pour la protéger, cela ne fait pas de lui quelqu'un de respectable – en tout cas, c'est mon opinion. Quand un loup-garou contamine quelqu'un, il en tombe amoureux pour toujours et doit rester avec cette personne, qui devient son âme sœur (amour, mariage et enfants recommandés). Si Jacob contamine Bella, elle est à lui pour toujours. Si Sam contamine Emily, idem.

À ce stade, nous ne savons pas si dans l'univers de Stephenie Meyer, un loup-garou peut contaminer un vampire. Paul est probablement le membre de la meute le plus hostile. Par exemple, lorsque Jacob parle de la meute à Bella, Paul se transforme subitement en loup-garou pour s'en prendre à elle. Cela ne fait pas de lui un mauvais loup-garou dans l'absolu ; cela prouve juste qu'il est un loup-garou de base : ni bon ni mauvais.

Il existe aussi des loups-garous féminins, comme Leah Clearwater, l'ex-petite amie de Sam Uley. Traditionnellement, les loups-garous représentés dans les films et en littérature sont de sexe masculin – probablement à cause du fait que leur comportement bestial, violent et sanguinaire nous renvoie davantage à une image masculine. Mais ces mâles doivent bien se reproduire, n'est-ce pas ? Il est donc logique qu'il y ait aussi des loups-garous femelles. Dans la saga *Fascination*, devenir loup-garou signifie être né dans la meute, pour aborder ensuite l'ère de la transformation en fin de puberté. La lycanthropie y est donc génétique. Nous avons déjà expliqué que bien souvent, dans les films et les livres, on devenait loup-garou en se faisant mordre par un autre loup-garou – il n'y a alors rien de génétique dans la métamorphose traditionnelle. Nous pouvons supposer que Jacob, Leah et les autres étaient des bébés et des enfants ordinaires avant leur transformation. Ils diffèrent en cela des vampires, qui doivent être mordus pour se métamorphoser – on ne naît pas dans le clan des vampires, à attendre sa puberté pour changer de nature.

LES FEMMES-RENARDS JAPONAISES

Certaines femmes ont le pouvoir de se transformer en renard. Un vieux conte japonais raconte l'histoire d'un homme du nom de Sang, qui tomba sur une femme-renard un soir où il croyait ouvrir sa porte à une belle jeune femme. Captivé par sa beauté, il la laissa entrer chez lui. Elle s'appelait Lien Shiang, et bien qu'elle vînt du « quartier des lampes rouges », une partie de la ville connue pour ses mœurs douteuses, Sang tomba amoureux d'elle. Elle lui rendait visite de temps en temps et repartait alors au petit matin. Mais une nuit où il ne l'attendait plus, il vit soudain apparaître dans son bureau une autre belle jeune fille. Pensant qu'il pouvait s'agir d'une femme-renard, l'une de ces dangereuses créatures qui parcouraient son pays, Sang prit peur. Mais la fille le persuada qu'elle était d'une très bonne famille, et parfaitement inoffensive.

Il est évident que Sang est un naïf. Imaginez : vous êtes en train de réviser vos maths pour un contrôle le lendemain ; vous relevez soudain la tête de votre bureau (ou de votre canapé, de la table de la cuisine, de la corbeille du chien, ou d'où vous aimez vous installer pour bosser), et là, juste devant vous, se tient soudain une espèce de beauté fatale. Ne vous demanderiez-vous pas si (a) vous êtes devenue dingue, ou si (b) elle s'est introduite dans la maison pour voler un truc ou vous tuer ? Mais non, Sang ne songea à rien de tout cela. Il lui vint bien à l'esprit qu'elle pouvait être une femme-renard, mais il se hâta d'oublier cette idée.
La fille lui expliqua que cela faisait un moment qu'elle l'observait de loin, se languissant de lui, pleine de désir. Incapable de résister davantage à son envie, elle le voulait là, maintenant : il serait celui qui lui ferait perdre sa virginité, cette nuit. Il est étonnant que tout cela n'ait pas alerté Sang. Mais il estima juste qu'il avait beaucoup de chance, et passa une folle nuit avec l'étrangère.
Le lendemain matin, la fille demanda à Sang s'il avait d'autres maîtresses, et il lui parla de Lien Shiang. Elle déclara qu'elles n'avaient jamais dû se croiser, à cause de leurs milieux sociaux différents. Elle partit ensuite en laissant un soulier magique derrière elle, en insistant pour

que Lien Shiang ne le voie jamais – un nouvel indice de sa bizarrerie que Sang ne perçut pas.

Que feriez-vous si un garçon apparaissait soudain chez vous, et vous laissait une de ses baskets en disant : « Ne montre jamais cette basket à ton mec. Jamais. Sinon la malédiction s'abattra sur vous » ? Personnellement, je lui rendrais sa chaussure et ferais tout pour ne jamais revoir ce spécimen. Mais bien sûr, Sang et moi avons peu de choses en commun. Après avoir pris du bon temps avec les deux jeunes femmes, un soir où Sang se trouvait chez lui avec Lien Shiang, l'autre fille se cacha près de sa maison pour voir à quoi ressemblait sa rivale. La fille au soulier entendit alors Lien Shiang dire à Sang qu'elle avait eu l'impression de faire l'amour avec un fantôme ; en d'autres mots, qu'il avait l'air très malade.

Elle entra dans la pièce et dit à Sang que Lien Shiang était une femme-renard. Celle-ci l'admit, et ajouta qu'il n'y avait pour autant aucun problème pour Sang à coucher avec elle. Comme les femmes savent si bien le faire, Lien Shiang contre-attaqua illico en disant que cette fille était un fantôme qui lui suçait sa force, au point qu'il pourrait en mourir. Vous devez penser que Sang avait un goût peu sûr en matière de femmes. Soit dit en passant, n'est-il pas déjà suffisant d'être en compétition entre nous autres, petites humaines ? Devons-nous aussi nous mesurer à des femmes-renards ou à des fantômes ?

Le personnage de Sang n'est pourtant pas des plus attrayants. Il étudie tout le temps seul, ne sort jamais, n'a pas d'amis, pas de loisirs, et il a deux maîtresses en même temps, l'une étant une femme-renard et l'autre un fantôme. Super plan, non ?

Revenons à nos moutons : Sang tomba très malade, et ses deux créatures surnaturelles s'occupèrent de lui pour le remettre sur pieds. Bien que la femme-fantôme fût très amoureuse de lui, elle déclara être prête à le quitter pour lui sauver la vie. Lien Shiang, la femme-renard, se réjouit de cette nouvelle et s'installa avec cet idiot de Sang.

Pendant ce temps, la femme-fantôme s'empara du corps d'une jeune fille qui venait de mourir – et, bien entendu, cette jeune fille était belle comme le jour, à tel point que notre abruti de Sang s'en éprit dès qu'il la vit. La femme-fantôme revint donc vers Sang, mais plus en tant que fantôme, puisqu'elle habitait un vrai corps humain. Comme je le disais, Sang tomba éperdument amoureux du cadavre réanimé. (Il est maintenant clair qu'il est loin d'être un génie, plus rien ne nous étonne donc de sa part.) Il alla même jusqu'à l'épouser.

Pendant dix ans, le renard erra dans les forêts, pendant que Sang vivait avec sa femme-fantôme-cadavre-réanimé, et tout lui semblait aussi normal que possible. Jusqu'au jour où l'esprit du renard s'empara du corps (vivant) d'une autre belle jeune fille, et revint frapper à la porte de Sang. Et ils vécurent heureux tous les trois !

Imaginez comment Sang a pu expliquer ça à son fils de dix ans : « Tu sais, fiston, ta mère est morte en donnant la vie, alors je me suis mis avec Brumhilda – qui n'est pas un fantôme, allons, ne sois pas stupide. Alors oui, je sais qu'elle est horrible avec son visage putréfié et son absence totale de fonctions corporelles, mais je te jure, fils, que ce n'est pas un cadavre réanimé. Et même si ta mère est morte en couches, comme je te l'ai dit pendant dix ans, maintenant elle est de retour. Mais elle n'est pas un cadavre réanimé comme ma femme actuelle. Non, non, mon fils, ta mère était une femme-renard, qui s'est transformée en renard à cause du choc de ta naissance, mais maintenant qu'elle a pu voler le corps d'une jeune fille, elle revient avec nous ! Tu devrais être heureux ! » Aujourd'hui, un tel type ne tiendrait pas deux heures avant de se faire interner !

CHAPITRE 11

VAMPIRES ET LOUPS-GAROUS : PEUVENT-ILS ÊTRE AMIS ?

Dans la saga *Fascination*, les vampires et les loups-garous ne s'entendent vraiment pas. Les loups-garous de la tribu Quileute détestent les vampires depuis qu'ils existent. Même avec les Cullen, qui ne boivent pas de sang humain, les loups-garous ne transigent pas : c'est la haine, c'est aussi simple que ça.

La relation entre vampires et loups-garous est évoquée dans le folklore du monde entier, et dans de nombreux livres et films. Il y a bien longtemps, on pensait que la seule façon de tuer un loup-garou était de lui transpercer le cœur, puis de le décapiter et de le brûler : la même tradition que pour détruire un vampire. La terreur des vampires et des loups-garous qui se répandit entraîna la mort de nombreux supposés tels. En France, Louis XV commanda même un rapport sur l'exorcisme des vampires et des loups-garous.

En Europe de l'Est, on croyait que les loups-garous étaient des loups habités par l'âme d'une personne. Après un déchaînement de violence, de mort et bon nombre de repas sanglants, le loup-garou était rassasié et l'âme de l'homme retournait à son corps. Le lien entre vampire et loup-garou est évident : tous deux prennent la forme d'une autre créature (chauve-souris, loup), ce sont des hommes dont l'âme s'est séparée du corps humain, ils tuent, boivent du sang, et peuvent revenir à une forme humaine. Ces parallèles expliquent pourquoi, en Europe de l'Est, et particulièrement en Serbie, on considérait les vampires et les loups-garous comme la même entité maléfique.

Selon le folklore, les loups-garous non-exorcisés finissaient par devenir vampires. Je vous épargnerai la mauvaise blague des loups qui auraient eu besoin de faire un peu plus d'exorcisme ! Si je me mettais à vous sortir toutes mes plaisanteries sur les loups non-exorcisés, vous finiriez sûrement par cracher sur ce livre, avant de le jeter par terre et de sauter dessus à pieds joints afin d'en exorciser toutes ces blagues nulles. Donc, non.

Les Russes, eux, croyaient que les sorciers et les loups-garous qui mouraient devenaient vampires. En Grèce, on pensait que les vampires qui étaient des loups-garous avant de « mourir » enlevaient les bébés dans leur berceau, et buvaient le sang des soldats mourants sur les champs de bataille.

Il est aussi intéressant de noter que dans de nombreux films et en littérature, les vampires peuvent prendre la forme d'un loup. Les loups-garous peuvent se transformer en vampires, et vice-versa. Les deux sont donc clairement liés.

Aussi ont-ils parfois du mal à se distinguer. Et si un vampire se prenait pour ou loup-garou, ou l'inverse ? Au minimum, un vampire pourrait trouver une femelle loup-garou attirante, ou un loup-garou être charmé par une jolie « vampirette ». On pourrait croire qu'ils feraient de bons amis plutôt que des ennemis jurés, comme dans *Fascination*.

Les loups-garous ont sûrement plusieurs raisons de ne pas attaquer les vampires. Pour commencer, le corps d'un vampire ne contient probablement pas beaucoup de sang ; le loup-garou risquerait donc de rester sur sa faim. D'autre part, j'imagine que si un loup-garou osait approcher Dracula ou Nosferatu pour lui chiquer les mollets, le vampire deviendrait instantanément enragé et l'enverrait valser contre un mur ou de l'autre côté de la forêt jusqu'à ce que mort s'ensuive.

Du reste, on a du mal à se figurer Edward Cullen laissant Jacob Black, par exemple, se frotter contre sa jambe et lui mordiller les cuisses !

Si nous renversons la situation, il est aussi difficile d'imaginer Edward attaquant Jacob pour lui sucer le sang. A-t-on jamais vu un vampire buvant le sang au cou d'un loup-garou ? Ce n'est certainement pas aussi sexy que de se figurer le vampire se rassasiant à la gorge d'une belle jeune fille.

La croyance aux vampires et aux loups-garous est répandue un peu partout dans le monde. À Haïti, par exemple, les gens pensent aux vampires-loups-garous comme à une seule entité, les créatures *je-rouge* (aux yeux rouges). La légende raconte que ces *je-rouge* attaquent constamment les femmes, par besoin de transformer autant de personnes que possible en vampires-loups-garous. De plus, une femme mordue ne peut plus jamais revenir à une vie humaine normale. Elle devient liée à la meute de vampires-loups-garous pour toujours, sans pouvoir poursuivre ses relations avec les humains.

Il est possible que les loups-garous détestent les vampires parce que ces derniers sont beaucoup plus sexy et plaisent davantage aux belles jeunes filles. Peut-être ne s'agit-il que de jalousie. Si vous vous représentez facilement la brute de l'école en loup-garou et le mec le plus craquant en vampire, il est aisé de comprendre pourquoi les loups-garous l'ont mauvaise !

Pour ce qui est des cas d'Edward Cullen et de Jacob Black, l'un est beau comme un dieu, avec des yeux dorés, une voix de velours, de bonnes manières et une intense masculinité, alors que l'autre se retrouve catapulté dans la peau d'une énorme bête brune faisant cinq fois la taille d'un humain, avec un grand museau et des petits yeux noirs emplis de haine et de violence. Les deux étant amoureux de la même fille, Bella, il semble évident que Jacob le loup se trouve moins avantagé qu'Edward le vampire.

Il se peut également que les loups-garous haïssent les vampires à cause de la domination que les vampires exercent sur eux – tout comme dans une relation d'un maître à son subordonné. Le patron donne les ordres, le subordonné doit s'y soumettre.

Lorsqu'un vampire donne des ordres aux loups, il est capable de les détruire si ceux-ci ne se plient pas à sa volonté. Car finalement, pour un vampire, ces loups-esclaves ne représentent guère plus que de gros chiens surnaturels. Naturellement, cet état de fait doit inspirer une bonne dose de ressentiment ou de haine de la part de tout loup-garou envers son maître vampire.

Dans le cas de nos deux personnages, Edward n'exerce aucune sorte d'autorité sur Jacob. Il s'agit plutôt d'une haine ancrée loin dans le temps, assortie d'un traité qui doit garantir la paix tant que les vampires ne s'attaquent pas aux humains. C'est une affaire territoriale basée sur l'instinct animal. Peut-être les loups-garous craignent-ils que les vampires viennent chasser sur leur territoire. Combien d'ours faudrait-il près de Forks pour nourrir à la fois des vampires et des loups-garous ?

N'oublions pas non plus que dans *Fascination*, les loups-garous protègent les humains comme Bella des attaques de vampires assoiffés, ce qui peut constituer une raison supplémentaire à cette haine – un peu comme s'ils considéraient les vampires comme des tueurs d'hommes, alors qu'eux ne tuent que des animaux. Les loups-garous de notre saga sont bien différents de ceux que nous présentent la littérature ou le cinéma, dans le sens où ils n'attaquent pas exclusivement des humains, et qu'ils détestent les vampires.

LA PLEINE LUNE

Pourquoi les choses qui font froid dans le dos se produisent-elles toujours les soirs de pleine lune ? Tout particulièrement, pourquoi les hommes se transforment-ils en loups-garous à ce moment-là ?

Jacob Black affirme ne pas avoir besoin de la pleine lune pour se métamorphoser. Il lui suffit d'être très en colère. Mais les légendes nous rappellent que les hommes sont plus sujets à la folie et aux transformations quand la lune est pleine – même si, comme dit Jacob, le folklore n'est pas une science exacte.

On dit que la lumière de la lune est une sorte de catalyseur qui fait de l'homme une bête. Cela n'a guère de sens du point de vue scientifique, mais beaucoup plus de celui des légendes. Les anciens Grecs et Romains, par exemple, pensaient que la lune faisait partie du royaume des enfers et de la magie noire. À certaines époques, on croyait que les loups-garous, les sorcières et autres créatures surnaturelles tiraient leur pouvoir de la lumière des nuits de pleine lune. Et ces créatures pouvaient changer d'apparence tout au long du mois, tout comme la lune changeait elle-même constamment pendant cette période.

Dans l'Égypte antique, on pensait que la lune était la mère de tout l'univers. À Babylone, elle était même plus importante que le soleil, ce qui est peu commun dans ces anciennes cultures, où le soleil était révéré par-dessus tout. Dans certaines cultures asiatiques, la lune prédominait sur le soleil à cause du fait que l'on avait beaucoup plus besoin de lumière la nuit que le jour ! C'est un peu illogique, car c'est le soleil *lui-même* qui produit la lumière du jour, et la lune n'est qu'une faible source de lumière par rapport à lui.

Il existe de nombreuses réponses différentes sur toutes les questions qu'on peut se poser dans la vie, certaines étranges, d'autres parfois totalement absurdes. Par exemple, certaines personnes croient que les humains sont plus violents les soirs de pleine lune. En 1998, une étude démontra que les prisonniers étaient toujours plus agressifs les jours précédant et suivant une pleine lune. Selon un article, « La pleine lune rend les gens plus violents, comme le rapporte une étude scientifique sur des prisonniers dans le quartier de haute sécurité de la prison Armley à Leeds[1]. »

Une employée de l'établissement, Claire Smith, propose une explication : « La meilleure théorie que j'ai pu entendre est que nous sommes constitués de 60 ou 70 % d'eau, alors si la lune provoque les marées, que doit-elle provoquer en nous ? Je trouve que les effets du cycle lunaire sont très intéressants, d'ailleurs tout le monde a quelque chose à dire à ce sujet[2]. »

Malgré tout, les scientifiques réfutent cette théorie. Le docteur Eric H. Chudler de l'Université de Washington

---

1. David Bamber, *Tests in Jail Show Moods Affected by lunar Cycle*, Telegraph.
2. Ibid.

expose, lui, que « c'est la légende populaire qui veut que la pleine lune exacerbe ce que les gens ont de pire en eux : plus de violence, de suicides, d'accidents, d'agressions... L'influence de la lune sur les comportements a été appelée "l'effet lunaire", ou "effet de Transylvanie"[1]. » Il explique plus loin que le mot "lunatique" fait aussi référence à la lune. Mais, contrairement à l'opinion populaire, les statistiques ne soutiennent pas l'idée que la pleine lune rende les gens – ou les loups-garous – plus violents. Si l'on prétend qu'il y a plus d'agressions pendant la pleine lune, on n'établit pas de réelle relation entre cette phase lunaire et le comportement agressif des patients en établissement psychiatrique, des résidents en maison de repos, des détenus en prison, des criminels (c'est-à-dire que le nombre de crimes n'a pas augmenté à ce moment-là), des personnes déprimées qui téléphonent aux numéros d'urgence, etc.

Le Dr Chudler nous indique des sites internet où l'on peut lire trois rapports sur les morsures provoquées par des animaux aux humains. L'un nous dit que les animaux mordent beaucoup plus en période de pleine lune[2]. Les deux autres prétendent exactement le contraire[3] ...

---

1. Dr Eric H. Chudler, *Moonstruck ! Does the Full Moon Influence Behavior ?*

2. Bhattacharjee C., Bradley P., Smith M., Scally AJ., et Wilson BJ., *Do animals bite more during a full moon? Retrospective observational analysis,* BMJ, 23 décembre 2000.

3. Chapman S., Morrell S., *Barking mad ?Another lunatic hypothesis bites the dust,* BMJ, 23 décembre 2000 et Frangakis CE, Petridou E, *Modelling risk factors for injuries from dog bites in Greece: a case-only design and analysis, Accid Anal Prev,* mai 2003.

CHAPITRE 12

LES PERSONNAGES PRINCIPAUX DE FASCINATION
VAMPIRES ET LOUPS-GAROUS À TRAVERS LES ÉPOQUES

Ce livre est entièrement dédié à la saga *Fascination* de Stephenie Meyer, il me semble donc normal de tester un peu vos connaissances sur les vampires et les loups-garous de cette série. Sur la gauche se trouve une liste de vampires et de loups-garous. Certains sont issus de *Fascination*, d'autres pas. Sur la droite, une liste de caractéristiques simples et de descriptions, à faire correspondre avec les noms à gauche. Écrivez le nom de chaque personnage (Edward Cullen est le numéro 1, bien sûr) en face de la caractéristique qui lui est associée. Par exemple, si vous parcourez la liste de droite et trouvez « A des yeux d'or en fusion », vous pouvez écrire « 1 » à côté.

Quand vous aurez terminé, je vous donnerai toutes les réponses. Vous pourrez alors déterminer votre niveau de connaissance des personnages de *Fascination*. Bonne chance ! (Je vous dis bonne chance parce que je vais essayer de vous compliquer la tâche. Je sais que vous êtes fans de *Fascination*, alors il ne faudrait pas non plus que ce soit trop facile !)

Personnages	Caractéristiques ou minidescriptions
1. Edward Cullen	Aime Bella Swan, déteste Edward Cullen.
2. Lucy Westenra	Un des premiers vampires de cinéma, vieille créature hideuse.
3. Varney le Vampire	Essaie de tuer Bella, vampire féminin.
4. Vlad l'Empaleur Dracula	Joue Alice dans le film *Twilight*.
5. Isabella Marie Swan	Beaucoup d'orgueil, ami(e) d'Emmett Cullen.
6. Femme-renard	Joue Carlisle dans le film *Twilight*.
7. Stephenie Meyer	Médecin en exercice.
8. Eric H. Chudler	Joue Rosalie dans le film *Twilight*.
9. Jacob Black	Aime Bella Swan, déteste Jacob Black.
10. J.R.R. Tolkien	Lien Shiang dans un conte japonais de renard.
11. Old Shep, chien de berger	Se blesse tout le temps, tombe amoureuse d'un vampire et d'un loup-garou.
12. Abraham Van Helsing	Le vampire dans *Dark Shadows*.
13. Montague Summers	Première apparition dans une BD, vampire féminin créé par Forrest J. Ackerman.
14. Alice Cullen	Joue Edward Cullen dans le film *Twilight*.
15. Jonathan Harker	Très violent pendant la pleine lune.
16. Robert Pattinson	Un vampire super-musclé.
17. Kristen Steward	Un grand chien aux allures de loup qui vivait derrière chez Lois avant de se faire écraser par un tracteur.
18. Jasper Hale	Histoire de vampire des années 1940 avec Sir Francis Varney.
19. Taylor Lautner	Joue Bella Swan dans le film *Twilight*.
20. Rosalie Hale	Voit l'avenir et ressemble à un lutin.
21. Rachelle Lefevre	A écrit le fameux *Entretien avec un vampire* en 1976.
22. Emmett Cullen	L'incroyable auteur de la saga *Fascination* !
23. Larry Talbot	Vampires d'Italie.
24. Dr. Carlisle Cullen	A écrit *The Vampire in Lore and Legend* dont Bella lit des extraits sur Internet.

Personnages	Caractéristiques ou minidescriptions
25. Nikki Reed	Âme sœur d'Alice, fit la guerre des vampires du sud.
26. Bram Stoker	Joue Jacob Black dans le film *Twilight*.
27. Esme Cullen	Joué par Lon Chaney, loup-garou le plus célèbre de tous les temps.
28. Ashley Greene	A attaqué Bella, tué par Jacob Black.
29. Anne Rice	Très beau vampire, aussi beau qu'Edward, apparu pour la première fois en 1976 dans un livre d'Anne Rice.
30. Charlie Swan	A écrit Bilbo le Hobbit.
31. Bill Ramsey	Dans *Dracula* de Bram Stoker, jeune femme joueuse et attirante.
32. Embry Call	L'humain qui se changea en *Loup-Garou* (le film).
33. Barnabas Collins	Surnommé le loup-garou à Londres, pensait en être un et se comportait comme tel.
34. Sam Uley	Femme de médecin.
35. Mina Murray	L'authentique Dracula des années 1400.
36. Vampirella	Homme de loi anglais qui se rend en Transylvanie pour rencontrer le comte Dracula.
37. Seth Clearwater	Sam la quitte pour Emily.
38. Leah Clearwater	Porte le nom du frère de Stephenie Meyer.
39. Vlad Dracul	Fiancée de Jonathan Harker.
40. Nosferatu	Auteur du plus célèbre roman de vampire de tous les temps.
41. Mike Newton	Chef de la police.
42. Peter Facinelli	Groupe nazi de loups-garous.
43. Lestat de Lioncourt	Chasseur de vampire dans *Dracula* de Bram Stoker.
44. Angela Weber	Père de Vlad l'Empaleur.
45. *Le Loup-Garou* (film)	Chef de la meute des loups-garous.
46. Victoria	Joue James dans le film *Twilight*.
47. Cam Gigandet	Craque pour Bella, humain pur.

48.	Laurent	Joue Victoria dans le film *Twilight*.
49.	Mouvement Werwolf	Bonne copine de Bella, mais pas sa meilleure amie.
50.	Les Volturi	Sa mère n'est pas membre de la tribu des loups-garous indiens.

Comparez maintenant vos réponses avec celles de la grille ci-dessous. Si vous vous êtes trompée sur des choses sans rapport avec la saga *Fascination*, pas de panique. L'important, c'est avant tout de connaître les personnages de la série. Le reste viendra ensuite.

Réponses

Personnages	Caractéristiques ou minidescriptions
1. Edward Cullen	9 Aime Bella Swan déteste Edward Cullen.
2. Lucy Westenra	40 Un des premiers vampires de cinéma, vieille créature hideuse.
3. Varney le Vampire	46 Essaie de tuer Bella, vampire féminin.
4. Vlad l'Empaleur Dracula	28 Joue Alice dans le film *Twilight*.
5. Isabella Marie Swan	20 Beaucoup d'orgueil, ami(e) d'Emmett Cullen.
6. Femme-renard	42 Joue Carlisle dans le film *Twilight*.
7. Stephenie Meyer	24 Médecin en exercice.
8. Eric H. Chudler	25 Joue Rosalie dans le film *Twilight*.
9. Jacob Black	1 Aime Bella Swan, déteste Jacob Black.
10. J.R.R. Tolkien	6 Lien Shiang dans un conte japonais de renard.
11. Old Shep, chien de berger	5 Se blesse tout le temps, tombe amoureuse d'un vampire et d'un loup-garou.
12. Abraham Van Helsing	33 Le vampire dans *Dark Shadows*.
13. Montague Summers	36 Première apparition dans une BD, vampire féminin créé par Forrest J. Ackerman.

Personnages	Caractéristiques ou minidescriptions
14. Alice Cullen	16 Joue Edward Cullen dans le film *Twilight.*
15. Jonathan Harker	8 Très violent pendant la pleine lune.
16. Robert Pattinson	22 Un vampire super-musclé.
17. Kristen Steward	11 Un grand chien aux allures de loup qui vivait derrière chez Lois avant de se faire écraser par un tracteur.
18. Jasper Hale	3 Histoire de vampire des années 1940 avec Sir Francis Varney.
19. Taylor Lautner	17 Joue Bella Swan dans le film *Twilight.*
20. Rosalie Hale	14 Voit l'avenir et ressemble à un lutin.
21. Rachelle Lefevre	29 A écrit le fameux *Entretien avec un vampire* en 1976.
22. Emmett Cullen	7 L'incroyable auteur de la saga *Fascination* !
23. Larry Talbot	50 Vampires d'Italie.
24. Dr. Carlisle Cullen	13 A écrit *The Vampire in Lore and Legend* dont Bella lit des extraits sur Internet.
25. Nikki Reed	18 Âme sœur d'Alice, fit la guerre des vampires du sud.
26. Bram Stoker	19 Joue Jacob Black dans le film *Twilight.*
27. Esme Cullen	45 Joué par Lon Chaney, loup-garou le plus célèbre de tous les temps.
28. Ashley Greene	48 A attaqué Bella, tué par Jacob Black.
29. Anne Rice	43 Très beau vampire, aussi beau qu'Edward, apparu pour la première fois en 1976 dans un livre d'Anne Rice.
30. Charlie Swan	10 A écrit Bilbo le Hobbit.
31. Bill Ramsey	2 Dans *Dracula* de Bram Stoker, jeune femme joueuse et attirante.
32. Embry Call	23 L'humain qui se changea en *Loup-Garou* (le film).
33. Barnabas Collins	31 Surnommé le loup-garou à Londres, pensait en être un et se comportait comme tel.

Personnages	Caractéristiques ou minidescriptions
34. Sam Uley	<u>27</u> Femme de médecin.
35. Mina Murray	<u>4</u> L'authentique Dracula des années 1400.
36. Vampirella	<u>15</u> Homme de loi anglais qui se rend en Transylvanie pour rencontrer le comte Dracula.
37. Seth Clearwater	<u>38</u> Sam la quitte pour Emily.
38. Leah Clearwater	<u>37</u> Porte le nom du frère de Stephenie Meyer.
39. Vlad Dracul	<u>35</u> Fiancée de Jonathan Harker.
40. Nosferatu	<u>26</u> Auteur du plus célèbre roman de vampire de tous les temps.
41. Mike Newton	<u>30</u> Chef de la police.
42. Peter Facinelli	<u>49</u> Groupe nazi de loups-garous.
43. Lestat de Lioncourt	<u>12</u> Chasseur de vampire dans *Dracula* de Bram Stoker.
44. Angela Weber	<u>39</u> Père de Vlad l'Empaleur.
45. *Le Loup-Garou* (film)	<u>34</u> Chef de la meute des loups-garous.
46. Victoria	<u>47</u> Joue James dans le film *Twilight*.
47. Cam Gigandet	<u>41</u> Craque pour Bella, humain pur.
48. Laurent	<u>21</u> Joue Victoria dans le film *Twilight*.
49. Mouvement Werwolf	<u>44</u> Bonne copine de Bella, mais pas sa meilleure amie.
50. Les Volturi	<u>32</u> Sa mère n'est pas membre de la tribu indienne des loups-garous.

CHAPITRE 13

PRENDRE SOIN DE SON VAMPIRE, PREMIÈRE PARTIE :

TOUT CE QU'IL FAUT SAVOIR SUR LES CANINES, LA LUMIÈRE DU SOLEIL, LES CRUCIFIX, L'AIL ET L'EAU BÉNITE

Dans le premier livre, *Fascination*, Bella fait des recherches internet sur les vampires. Elle y trouve plusieurs éléments qu'elle se souvient avoir vus dans les films d'épouvante. Certains correspondent à la description des vampires faite par Jacob : leur peau est froide, ils vivent éternellement, boivent du sang, et, chose plus importante encore pour lui, les vampires et les loups-garous sont de farouches ennemis. D'autres de ces éléments correspondent aux descriptions que nous sommes habitués à voir dans les films et livres populaires, comme le fait que les vampires ne supportent pas le soleil, ou qu'ils dorment dans des cercueils pendant le jour. Plus tard, Bella en apprendra beaucoup plus grâce à Edward.

Ce chapitre va explorer les mythes sur les vampires en général, et ce qu'ils ont en commun avec les personnages de *Fascination* en particulier. Nous allons découvrir que Stephenie Meyer crée des personnages assez différents des vampires traditionnels, avec finalement assez peu de caractéristiques communes.

Parlons tout d'abord de leurs canines acérées, trait de base commun à presque tous les vampires. Dans le *Dracula* original de Bram Stoker, par exemple, l'une des premières impressions que Jonathan Harker retient du comte Dracula est qu'il possède des dents blanches et pointues qui dépassent de ses lèvres. Il décrira plus tard les canines longues et acérées de Dracula comme des crocs. Les vampires féminins de *Dracula* ont aussi de tels crocs, et bien sûr, toute morsure d'un vampire dans le cou d'un humain y laisse deux belles traces.

Je me suis toujours demandé pourquoi les marques de morsures de vampire dans le cou d'une victime sont aussi rapprochées. Dans les films, ces marques sont toujours éloignées de seulement un ou deux centimètres. Passez votre langue sur vos dents du haut : de combien sont éloignées vos canines ? Il y a quatre dents entre elles, quatre ! Que vous mordiez dans un sandwich ou dans un cou, les deux marques de morsure seraient forcément bien plus écartées que de seulement un ou deux centimètres.

Les auteurs d'histoires de vampires attribuèrent ces canines acérées à leurs personnages bien avant Bram Stoker. James Malcolm Rymer, qui écrivit *Varney le Vampire*, attribua à son personnage des dents semblables à des crocs, qui ne laissaient pourtant que deux petits points rapprochés sur la gorge de leur victime. Mon vieux vampire sinistre préféré, Nosferatu, avait lui des dents incroyablement longues, mais ce n'était pas ses canines, plutôt celles du milieu. Là, on peut imaginer une marque avec des points plus rapprochés que celles laissées par Dracula ou les autres.

Les vampires d'Anne Rice ont tous de grandes canines, même si celles de Louis ne poussèrent que lentement après sa transformation, le contraignant un temps à égorger ses victimes avant de boire leur sang.

Le portrait du comte Dracula par Bela Lugosi dans le film de 1931 arborait des dents exceptionnelles, mais pas de crocs. Le Dracula de Lugosi ne portait pas de fausses dents pour le film, pas plus que Lon Chaney, qui joua plus tard le rôle du vampire dans *Le Fils de Dracula*, en 1943. Pourtant, ces vampires laissaient des traces de morsures dans le cou de leurs victimes, ils avaient donc des dents acérées, tout comme les vampires de la saga *Fascination*.

Un vampire n'est donc pas obligé d'avoir des canines protubérantes. Les dents d'Edward se rapprocheraient plus de celles de Bela Lugosi et de Lon Chaney, les maîtres vampires originaux. Dans *Fascination*, Edward se moque même des humains qui croient se donner des airs de vampires en portant de fausses dents pointues. Il trouve cela absurde. Les siennes sont tranchantes comme des lames de rasoir et d'une blancheur éclatante, certes ; mais elles ne ressemblent en rien à des crocs !

Il ne doit pas être très facile d'embrasser sa copine quand on a des dents aussi affûtées. Mieux vaut s'assurer de ne pas déraper, au risque de lui trancher les lèvres. Et imaginez un baiser entre deux vampires, garçon et fille, tous deux avec des dents tranchantes : cela aurait toutes les chances de finir en massacre facial ! Heureusement pour Bella, Edward est plein de contrôle et de retenue, et c'est un parfait gentleman : elle n'est donc jamais blessée par ses baisers.

En 1958, un acteur nommé Christopher Lee incarna un vampire aux canines exubérantes dans le film *Le cauchemar de Dracula*. Le vampire façon Lee donna le ton pendant les années qui suivirent, où l'on vit des vampires ouvrir grand leur bouche comme s'ils étaient chez le dentiste, exhibant leurs canines démesurées. Depuis lors, les costumes de vampires pour Halloween, les couvertures de livres sur les vampires, les jouets les représentant, et même les gothiques qui se prennent pour des vampires, arborent de longues canines. C'est devenu un classique du genre.

En tant que fan de la saga *Fascination*, appréciez-vous le fait que Stephenie Meyer n'ait pas suivi cette tradition ? Edward aurait-il été plus sexy avec de longues canines pointues ?

Pour moi, elle a fait le bon choix. Comme Edward le dit lui-même, cette histoire de dents n'est qu'un mythe idiot.

Ces espèces de crocs peuvent sûrement rendre un vampire plus terrifiant, comme dans *Nosferatu*, mais quand votre vampire est censé être charmant, romantique, Monsieur Parfait en somme, on n'a pas vraiment envie qu'il devienne hideux : on le préfère séduisant. Et Edward Cullen n'est pas un vampire effrayant, mais plutôt le vampire dont toute fille rêverait.

Il existe aussi des crocs rétractables dans de nombreux films. Ainsi, le vampire a l'air normal, sauf quand il se met à table. Les dents descendent alors des gencives supérieures, pour y remonter une fois le repas terminé. C'est encore plus idiot que d'avoir des canines de trois centimètres de long vous sortant de la bouche en permanence !

Si par hasard vous vous éprenez d'un vampire ordinaire aux longues canines, assurez-vous d'avoir un bon stock de fil dentaire et de dentifrice à la maison – particulièrement s'il a des crocs rétractables, qui restent la plupart du temps dans les gencives. Des dents ensanglantées pourraient être sujettes à de belles caries et autre détérioration. Il serait peut-être utile d'essayer de convaincre votre vampire d'utiliser une brosse à dents électrique et de se faire des bains de bouche désinfectants.

Si votre cher et tendre est plutôt du genre Edward Cullen, sans crocs, vous aurez moins de souci à vous faire.

Quand les hommes normaux vieillissent, leurs dents ont tendance à se fragiliser, mais un immortel comme Edward aura toujours de bonnes dents. Nul besoin de les affûter pour qu'elles restent tranchantes, comme on peut le faire avec un couteau de cuisine. Il vous suffira de protéger votre bouche de ces lames de rasoir, et tout ira bien.

ÊTES-VOUS OBSÉDÉE PAR EDWARD CULLEN ?

Je suppose que pour toute personne qui lit ce livre la réponse est oui, surtout maintenant que l'on sait que c'est Robert Pattison qui joue ce rôle dans le film. Mais voyons à quel point il vous hante. Après avoir répondu aux questions suivantes, comptez votre score comme expliqué à la fin du quiz.

Question 1 : Combien de fois avez-vous lu le premier tome, *Fascination* ?

A. Une seule fois.
B. Une demi-douzaine de fois.
C. Tant de fois que je ne m'en souviens plus.

Question 2 : Combien de fois avez-vous lu le deuxième tome, *Tentation* ?

A. Une seule fois.
B. Une demi-douzaine de fois.
C. Tant de fois que je ne m'en souviens plus.

Question 3 : Combien de fois avez-vous lu le troisième tome, *Hésitation* ?

A. Une seule fois.
B. Une demi-douzaine de fois.
C. Tant de fois que je ne m'en souviens plus.

Question 4 : Le quatrième tome est sorti en France le 22 octobre 2008. Quand l'avez-vous lu ?

A. Le 22 octobre 2008.

B. Je ne l'ai pas encore lu, mais ça ne saurait tarder.

C. Je ne vais probablement pas en avoir le temps avant un bon moment.

Question 5 : Quand vous êtes sur Internet, à quelle fréquence cherchez-vous des informations sur Edward Cullen ?

A. À chaque fois.

B. Parfois, mais la plupart du temps je fais des recherches en rapport avec mes devoirs, la confection de napperons ou l'élevage des hirondelles.

C. Jamais.

Question 6 : Si vous avez un petit ami, que s'est-il passé dans votre relation depuis que vous avez lu *Fascination* ?

A. Je fais comme si mon petit ami était Edward Cullen, mais je n'ose pas lui dire.

B. J'ai été obligée de le plaquer parce que j'aime Edward Cullen plus que lui et cela ne changera jamais.

C. Pour tenter de me garder, mon petit ami s'est teint les cheveux, s'est mis à faire de la musculation et à porter des lentilles de contact dorées. Ça n'a pas marché : je préfère toujours Edward Cullen.

Question 7 : De quoi rêvez-vous la nuit ?

A. D'Edward Cullen.

B. D'être Bella Swan, pour pouvoir me marier avec Edward Cullen.

C. Les deux réponses ci-dessus.

Question 8 : Si vous pouviez être l'un de ces personnages, qui choisiriez-vous ?

A. Harry Potter.
B. Serena de *Gossip Girl*.
C. Bella Swan. Sans hésiter.

Question 9 : Comment vous appelez-vous ?

A. Bella Swan.
B. Euh… votre vrai nom, quoi !

Question 10 : Quel est l'âge parfait pour le petit ami parfait ?

A. Dix-sept et quelques centaines.
B. Dix-sept.

Les résultats de ce test peuvent sembler faciles à évaluer, mais certaines lectrices ne sont peut-être pas aussi fascinées par Edward qu'elles le croient. Comptons donc les points pour en avoir le cœur net.

Question 1 : Combien de fois avez-vous lu le premier tome, *Fascination* ? Si vous avez choisi C, comptez un point.

Question 2 : Combien de fois avez-vous lu le deuxième tome, *Tentation* ? Si vous avez choisi C, comptez un point.

Question 3 : Combien de fois avez-vous lu le troisième tome, *Hésitation* ? Si vous avez choisi C, comptez un point.

Question 4 : Le quatrième tome est sorti en France le 22 octobre 2008. Quand l'avez-vous lu ? Si vous avez choisi A, comptez un point. Désolée, même si vous avez choisi B, on ne peut pas vous donner de point sur cette question.

Question 5 : Quand vous êtes sur Internet, à quelle fréquence cherchez-vous des informations sur Edward Cullen ? Si vous avez choisi A, comptez forcément un point. En revanche, si vous faites des recherches sur les napperons ou les hirondelles, vous n'êtes pas aussi obsédée que vous devriez l'être.

Question 6 : Si vous avez un petit ami, que s'est-il passé dans votre relation depuis que vous avez lu *Fascination* ? Que votre réponse soit A, B ou C, comptez un point.

Question 7 : De quoi rêvez-vous la nuit ? La seule réponse qui vaille un point est la C.

Question 8 : Si vous pouviez être l'un de ces personnages, qui choisiriez-vous ? Certaines filles pourraient être tentées de choisir la B, Serena de *Gossip Girl*. Le couple qu'elle forme avec Blair est très populaire. Si vous avez choisi A, Harry Potter, je présume que vous aimez beaucoup la magie, mais cela ne suffira pas pour vous donner un point à cette question. Pour la C, être Bella Swan, comptez un point.

Question 9 : Comment vous appelez-vous ? Que vous ayez choisi A ou B, comptez un point.

Question 10 : Quel est l'âge parfait pour le petit ami parfait ? La bonne réponse est la A. Si vous l'avez choisie, comptez un point.

Additionnez maintenant vos points. Si votre total s'élève à 10, vous êtes clairement raide dingue de la série *Fascination* et d'Edward Cullen. Si vous avez 8 ou 9, vous êtes obsédée par Edward, mais il reste de l'espoir pour votre petit ami. Si vous avez 5, 6 ou 7, vous aimez Edward sans qu'il soit une obsession. Un score entre 1 et 4 indiquerait que vous avez besoin de relire la série *Fascination* une bonne demi-douzaine de fois.

Nous avons abordé la question des dents et des vampires dans *Fascination*, et confirmé une fois de plus votre attachement à Edward. Les vraies fans de *Fascination* savent qu'on n'a jamais fini de parler de lui et de l'admirer, tant il est bon de penser à lui sans cesse, où que l'on soit et quoi que l'on fasse.

L'une des choses qui m'a tout de suite frappée à son sujet est qu'il peut sortir pendant la journée. Le soleil ne le brûle absolument pas, à l'inverse des autres vampires. À un moment, il explique même à Bella que les brûlures du soleil sur les vampires ne sont qu'un mythe.

Il est sûr qu'on ne court pas grand risque de se faire rôtir en vivant dans un endroit comme Forks. Croyez-moi, personne n'y a besoin d'écran total, et le coup de soleil y est un mot exotique. C'est donc l'endroit parfait pour une famille de vampires, qui peut sortir à tout moment sans risquer de trop s'exposer à la lumière du soleil. Mais par un vrai beau temps, quand la lumière du jour est à son zénith, attention de ne pas griller ! Rappelez-vous de ce qui arrive à Edward lors de son voyage en Italie : le soleil de midi le fait briller de mille feux, captant alors l'attention de tous, et pour avoir commis ce « crime », il pense que le clan des vampires Volturi va le tuer.

Nous avons l'habitude de croire que les vampires détestent le soleil, mais ce n'est pas toujours le cas. Dans *Varney le Vampire*, par exemple, Sir Francis Varney se promène dehors en pleine journée, sans aucun problème. Avant de devenir vampire, son vrai nom était Mortimer, un humain qui vécut à Londres au milieu du XVIIᵉ siècle. Il tua son fils par accident, puis fut frappé d'illumination et mourut. Lorsqu'il s'éveilla, Varney se trouvait près d'une tombe ouverte, et il entendit une voix lui dire qu'il était condamné à être vampire pour l'éternité, pour avoir causé la mort de son fils. Comme Edward, Varney peut marcher au soleil, il a une force phénoménale, et n'a pas besoin de boire constamment du sang pour survivre.

En 1819, l'écrivain John Polidori écrivit une nouvelle appelée *Le Vampire*, mettant en scène le vampire Lord Ruthven. Dans cette histoire, inspirée d'un fragment écrit par Lord Byron, le vampire est un Londonien pâle qui rencontre beaucoup de succès auprès des filles. Lord Ruthven voyage librement autour du monde avec son ami humain Aubrey, et le soleil ne semble pas l'indisposer. À un moment, Ruthven est tué par des brigands qui abandonnent son corps sous les rayons de la lune, ce qui le ramène à la vie. Il finit par séduire et tuer la sœur d'Aubrey avant de disparaître à la fin de l'histoire. Comme Edward, Lord Ruthven peut donc s'exposer au soleil, mais avec ceci de plus que la lumière d'un clair de lune le ramène à la vie.

Vient ensuite Carmilla, autre vampire qui se promène librement de jour sans être consumée par les rayons du soleil. Écrite en 1872 par Sheridan Le Fanu, cette nouvelle a pour héroïne un vampire féminin qui se nourrit du sang d'une jeune fille du nom de Laura. Carmilla ressemble comme deux gouttes d'eau à un portrait de la comtesse Mircalla Karnstein, accroché dans le château où vit Laura. En dépit de sa pâleur, il faudra beaucoup de temps à son entourage pour réaliser que Carmilla est un vampire. Ses canines sont assimilées à des aiguilles, mais très peu visibles. Même si elle préfère la nuit, Carmilla évolue normalement de jour, comme Lord Ruthven, Varney et Edward.

Ainsi que beaucoup d'autres vampires, Carmilla possède une force surhumaine et peut prendre différentes formes, comme les chauves-souris ou les loups – mais en ce qui la concerne, sa préférence va aux chats. Elle dort dans un cercueil près du château de sa famille, et choisit ses proies dans son entourage proche, à la différence d'Edward.

Comme nous l'avons évoqué, la plupart des vampires n'ont pas le même rapport avec le soleil qu'Edward. Dans le *Dracula* de Bram Stoker, œuvre majeure du vampirisme, le comte Dracula ne fonctionne pas très bien de jour. Il parvient tout de même à se transformer au lever ou au coucher du soleil, voire à midi. Il est alors très faible, mais le jour ne l'anéantit pas complètement.

C'est avec le film *Nosferatu*, qui devait tenter de restituer l'histoire de Dracula sans avoir les droits d'exploitation du *Dracula* de Bram Stoker, que le vampire devint la créature nocturne qu'il est aujourd'hui. Dans *Nosferatu*, le comte Orlock (l'aspirant Dracula, si j'ose dire) est tué par le soleil aux premières lueurs du matin. Après avoir ardemment désiré le sang d'Ellen Hunter (aspirante au personnage de Stoker Mina Murray), Nosferatu finit par obtenir l'objet de son désir. Et ce désir est tel que le comte Orlock reste figé toute la nuit près de sa victime, les dents cramponnées à son cou, à drainer la vie de son corps. Elle se sacrifie volontairement de cette manière, sachant qu'au lever du jour le monde sera débarrassé de cette hideuse créature.

En 1943, Bela Lugosi apparut dans *The Return of the Vampire*, dans lequel le vampire Armand Tesla est tué par la lumière du soleil. Il ne disparaît pas dans des volutes de fumée comme Nosferatu, mais le soleil fait fondre son visage.

Après quoi, le soleil fut utilisé comme instrument de mort dans de nombreux films de vampires. Comme pour Edward, il peut aussi servir de moyen indirect de suicide. Par chance, Bella aura la possibilité de s'enfuir de Forks sans que son père le sache, pour rejoindre l'Italie où elle sauvera Edward de justesse. Ce n'est pas qu'Edward se désintègre au soleil, mais plutôt que sa peau est si éblouissante qu'il risque ainsi de montrer qu'il n'est pas humain, et donc probablement vampire. Je ne vois pas trop en quoi cette peau étincelante prouve qu'il s'agit d'un vampire, mais il est sûr que cela attirerait l'attention des humains.

Charlie se montre parfois trop protecteur envers Bella, quand il l'empêche de sortir, par exemple, mais à d'autres moments, il a l'air de n'avoir aucune idée de ce qu'elle fait. Si je surveillais les moindres faits et gestes de ma fille au point de l'empêcher de sortir, il me semble que je serais au courant si elle se faisait la belle pour l'Italie.

LE DIEU SOLEIL ET LE VAMPIRE

Le soleil fut souvent le symbole des dieux et des déesses. À l'époque antique, les Égyptiens, par exemple, adoraient Râ (ou Rê) : c'était le maître du soleil, de la lumière, du pouvoir et des pharaons.

Râ était principalement associé au soleil de midi, au moment le plus chaud de la journée. C'est à son zénith qu'il était donc le plus puissant, ce qui est aussi le moment où les vampires sont le plus vulnérables.

Durant des siècles, Râ était le principal dieu Soleil dans toute l'Égypte. On l'adorait tout particulièrement à Héliopolis, la ville du Soleil. Ses adorateurs croyaient que le soleil était son corps, ou son œil. De plus, Râ était le roi des dieux, le créateur universel ; l'humanité aurait été créée de ses larmes et de sa sueur. Il fut connu plus tard sous le nom d'Amon-Râ, qui signifiait littéralement le soleil[1].

---

1. Pour plus de détails sur Râ, voir *It Had to be Snakes : The Many Mysteries of Indiana Jones*, par Lois H. Gresh et Robert Weinberg (N.Y. : John Wiley & Sons, Inc. 2007).

Le statut de dieu Soleil de Râ vit le jour à la deuxième dynastie. À la quatrième, les Égyptiens croyaient que leurs pharaons étaient les fils de Râ, manifestations du dieu sur Terre. À la cinquième dynastie, les pharaons faisaient ériger des temples au Soleil, des pyramides et des obélisques en son honneur, et il fut établi comme divinité d'État. Puis, vers la onzième dynastie, Râ fut élevé encore plus haut, dans une version plus monothéiste où on le considérait comme le créateur de toutes choses. À ce stade, il était devenu un dieu proche de celui des chrétiens : les adeptes pensaient que Râ les punirait de mort s'ils commettaient des actes répréhensibles pendant leur existence.

Pour ce qui est des vampires – y compris Edward, qui commet un quasi-suicide en s'exposant aux rayons ardents du soleil en Italie – le soleil a aussi la capacité de les punir de leurs mauvaises actions. Dans la plupart des cas, il entraîne lui-même la mort, mais pour Edward, c'est le scintillement de sa peau exposée à la lumière qui pourrait la provoquer, en attirant l'attention sur lui.

La raison traditionnelle pour laquelle les vampires ne tolèrent aucune lumière est que le soleil représente la présence de Dieu : le mal doit rester dans l'obscurité…

Si vous vous choisissez un petit ami vampire, vous serez sûrement tentée d'acheter des tonnes de crème solaire avec la protection maximale. Assurez-vous en permanence que votre homme est bien enduit d'écran total de la tête aux pieds.

Il existe des affections cutanées en réaction à l'exposition au soleil. Elles ne tuent généralement pas, mais si l'on n'y prête pas attention, elles peuvent être très douloureuses, voire causer la mort dans certains cas extrêmes.

Tout d'abord, le classique coup de soleil. C'est une réaction de photosensibilité cutanée, diminuée par l'augmentation de mélanine. Si vous attrapez trop souvent des coups de soleil, vous pouvez développer un cancer de la peau, ce qui peut être fatal. Nous aimons tous lézarder au soleil, et si nous n'avons pas un teint mat naturellement, un peu de bronzage nous donne tout de suite bonne mine. Quand j'étais enfant, puis adolescente, je passais beaucoup de temps au soleil, et j'étais toujours très bronzée en été. Mais en grandissant, ma peau ne supporte plus aussi bien le soleil. Il y a environ un an de cela, j'étais très excitée à l'idée de me rendre à Miami Beach, en Floride, pour une petite excursion. J'avais un peu de temps pour moi, seule, et me rendis à la plage. En moins de deux heures, la peau de mon ventre se couvrit de cloques ! Je passai les deux jours suivants à souffrir dans ma baignoire remplie d'eau froide. Je fais dorénavant beaucoup plus attention quand je vais à la plage, et même si je n'irai pas jusqu'à porter un chapeau gigantesque, couverte de la tête aux pieds sous un parasol, je mets une crème solaire avec un bon indice de protection – tout comme devrait le faire votre vampire même s'il vit à Forks, soit dit en passant.

Le soleil contient bien entendu la lumière visible, mais aussi le rayonnement infrarouge, qui provoque la chaleur, et les ultraviolets, ou UV. La lumière visible et les infrarouges ne causent pas de brûlures et n'abîment pas la peau. Edward a bien raison de vivre à Forks, où il n'est que peu exposé à la lumière visible, et, quand le temps est doux, à un faible rayonnement infrarouge. De la même façon, les UV qui pourraient lui nuire n'y sont pas très forts.

Le rayonnement ultraviolet se divise en trois catégories, selon leur longueur d'onde : les UV-A, UV-B, et UV-C. Les UV-A, aux ondes longues, sont responsables du bronzage.

Ils ne sont pas filtrés par l'atmosphère et sont présents tout au long de la journée. Les UV-B, aux ondes moyennes, sont eux responsables des coups de soleil, des rides et du vieillissement cutané. Très présents en milieu de journée, ils peuvent causer des cancers de la peau. C'est le genre de rayonnement que tout vampire, y compris Edward, doit éviter. Le troisième type, les UV-C, aux ondes plus courtes, brûlent aussi la peau et accroissent les risques de cancer. Il serait clairement déraisonnable pour tout vampire ou même humain de s'exposer à ces ondes, qui sont heureusement filtrées par l'ozone de l'atmosphère.

Quand le rayonnement UV rencontre la peau, une partie de ce rayonnement se répand dans les tissus sous-cutanés et est absorbé par les cellules. La lésion ainsi créée aux cellules entraîne coup de soleil, cancer de la peau et vieillissement prématuré.

L'exposition au soleil est déconseillée lors de la prise de certains médicaments, qui peuvent provoquer des réactions phototoxiques ou photoallergiques. Il n'est pas exclu que les vampires aient dans leur sang certains éléments proches de ces substances – nous savons que leur sang est différent du nôtre. Les médicaments provoquant phototoxicité et photoallergie sont amenés à la peau par le flux sanguin. Les réactions phototoxiques peuvent entraîner l'apparition de cloques sur la peau, et des pigmentations anormales. Dans certains cas, les ongles peuvent même se dégrader.

Les réactions photoallergiques surviennent lorsque le système immunitaire répond à la combinaison du soleil et de certaines substances chimiques. La réaction cutanée prend alors souvent l'apparence d'un eczéma.

Une autre affection due au soleil est l'urticaire solaire, où la peau se couvre d'horribles plaques rouges quelques minutes seulement après l'exposition.

Ce qu'il faut retenir, c'est que même les vampires qui peuvent sortir le jour sont concernés par les effets du rayonnement UV. Gardez donc votre petit ami vampire à la maison en milieu de journée, et ne vous disputez jamais quand le soleil est à son zénith. S'il arrivait quoi que ce soit à ce moment, donnez-lui une boisson fraîche, dites-lui de fermer les yeux, passez-lui une musique douce et apaisante, et laissez-le se rafraîchir jusqu'à la tombée de la nuit. Changeons maintenant de sujet, et abordons un autre grand classique du vampirisme : la croix. L'apparition d'une croix ne semble pas perturber Edward. Il passe un certain temps en Italie, où l'on voit des églises et des cathédrales partout : là-bas, on n'est jamais loin d'une croix. Pour un vampire traditionnel effrayé par les croix, l'Italie n'est donc pas la destination idéale.

Néanmoins, les vampires de la famille Volturi vivent à Voltera, en Italie. Ils règnent sur les enfers et louent les services d'autres vampires pour effectuer les basses besognes à leur place. Cela fait des milliers d'années qu'ils y sont installés, et, dans *Hésitation*, ils viennent à Forks dans le but de détruire les jeunes vampires maléfiques de Victoria. Comme pour Forks aux États-Unis, il existe réellement une ville du nom de Volterra en Italie. Elle se trouve en Toscane, dans la province de Pise. Elle fut créée à la période étrusque et servit de résidence aux évêques pendant le Ve siècle. Ville antique, Volterra possède un théâtre romain du premier siècle avant notre ère, le magnifique Palazzo dei Priori, et de nombreuses chapelles et églises médiévales.

Pour la plupart des vampires, le crucifix est symbole de mort. C'est une croix latine qui sert de représentation au christianisme, celle où Jésus-Christ fut crucifié le vendredi saint. C'est une fois de plus avec *Dracula* que la croix fut reconnue comme un moyen d'effrayer les vampires. En Europe de l'Est, des paysans brandissaient des croix, les clouaient sur leurs portes et les portaient en colliers pour éloigner le mal. Ils pensaient que la croix portait en elle le pouvoir de Dieu.

Mais, comme on le voit avec Edward et la famille Cullen, tous les vampires n'en ont pas peur. Le Louis d'Anne Rice non plus ne s'épouvante guère si l'on brandit une croix devant lui, par exemple. À vrai dire, il aime même plutôt les regarder. En fait, dans les romans d'Anne Rice, les vampires remarquent que lorsqu'une croix est clouée sur une porte, cela signifie que les gens se méfient des vampires. Craignant surtout de se faire repérer que de subir le pouvoir de la croix, les vampires d'Anne Rice préfèrent donc généralement s'éloigner de ces lieux.

Si vous tombez amoureuse d'un vampire qui n'a pas peur des croix, estimez-vous chanceuse. Vous pourrez vous promener en ville avec lui sans avoir à éviter les églises et les femmes portant des croix en collier. Si votre mère en porte une, vous pourrez lui rendre visite avec votre homme sans craindre qu'il n'ait un mouvement de recul, ne cache son visage, ou pire, ne disparaisse devant elle dans un nuage de poussière.

Mais si c'est un vampire traditionnel qui vous a fait craquer, celui qui a peur des croix, les choses seront moins simples. Vous ne pourrez pas aller dans beaucoup d'endroits ensemble, à moins d'habiter en pleine jungle ou dans un pays où le christianisme n'est pas implanté. Vous seriez tranquille dans un pays bouddhiste, par exemple, où l'apparition de la statue du Bouddha ne risquera pas d'énerver ou de tuer votre bien-aimé.

Dans la saga *Fascination*, on ne fait pas mention de deux autres choses qui terrorisent habituellement les vampires : l'ail et l'eau bénite. Edward est certainement immunisé contre ces deux tourments traditionnels des vampires, tout comme il l'est pratiquement contre le soleil, et totalement contre les croix.

Dans presque tous les films et les livres sur les vampires, l'ail est utilisé par les paysans pour les repousser. Autrefois, les paysans chrétiens pensaient que les cadavres de musulmans étaient les plus susceptibles de se transformer en vampires, puis de tuer des gens. Ceci provient de la croyance musulmane selon laquelle, lorsque Satan quitta le jardin d'Eden, ses pas laissèrent derrière lui des empreintes d'où surgissait de l'ail, là où il avait marché. Les anciens musulmans n'aimaient donc pas l'ail, le considérant comme un symbole du mal. Qu'un symbole du mal éloigne un vampire maléfique reste pour le moins étrange, me direz-vous.

Il est logique que le soleil, en tant que symbole de Dieu et de pureté, ait un effet répulsif sur les vampires, comme tout ce qui représente le bien : le soleil, les croix, l'eau bénite. Mais pour l'ail, symbole de mal, cela reste plus difficilement compréhensible.

La logique pourrait venir d'un autre usage que les paysans faisaient de l'ail. Il a en effet été utilisé en de nombreux pays comme un produit curatif et purificateur. L'histoire nous dit donc que l'ail, qui guérissait les gens, était aussi un symbole de bien et de pureté. On comprend alors mieux pourquoi on l'accrochait aux portes pour éloigner le mal.

L'AIL

L'ail fait partie de la famille des alliacées ; il est proche des poireaux, des échalotes, et, bien sûr, de l'oignon. Un bulbe d'ail comporte de nombreuses parties appelées des gousses. Pour cuisiner l'ail, il faut enlever la peau des gousses, couper la partie charnue de la gousse en petits morceaux, ajouter des épices et frire le tout, ou bien le cuire jusqu'à ce que cela forme un ensemble homogène. On suspend souvent l'ail pour préserver sa fraîcheur et ses qualités, parfois après l'avoir tressé, ce qui lui permet de rester bien sec. Cela permet aussi de tenir à distance les mauvais esprits qui pourraient rôder dans les cuisines – au cas où l'on tenterait de contaminer votre nourriture de quelque façon.

On utilisait autrefois l'ail pour soigner de nombreuses maladies, qu'elles soient le fait de vampires ou de causes plus naturelles. On disait alors qu'il avait des vertus pour soigner des affections aussi diverses que la variole et la tuberculose, le cancer et les maladies cardiaques, le diabète et la gangrène, ou même les insolations ou les simples rhumes.

S'il est une maladie que l'ail ne guérira pas, c'est bien l'halitose, ou la mauvaise haleine. Et à dire vrai, il ne guérira pas non plus un cancer, un rhume ou une maladie cardiaque.

L'ail fut tellement réputé comme arme anti-vampire qu'il fut un temps où, si quelqu'un y était allergique, on le soupçonnait d'être lui-même un vampire.

Dans les pays baltes, en Roumanie, en Amérique du Sud, en Chine ou au Mexique, on utilisait systématiquement l'ail comme test en cas de suspicion de vampirisme. Il était courant d'arborer de l'ail dans les églises pour s'assurer qu'aucun vampire n'était présent. Si le soleil brillant du dimanche matin ne tuait pas le vampire qui pénétrait l'église, si les croix accrochées partout ne le faisaient pas reculer, si même l'eau bénite ne le rata-tinait pas comme une chips, il restait toujours l'ail pour que la bête s'en aille !

Même si votre vampire chéri est comme Edward, et qu'il ne fait pas un bond en arrière quand il voit ou sent de l'ail, il serait sage, à titre de précaution, d'éviter d'en cuisiner ou d'en suspendre dans votre cuisine.

Pour ce qui est de l'eau bénite, la plupart des gens n'en possèdent pas des litres dans leur chambre à coucher ou dans leur cuisine.

On la trouve surtout dans les églises catholiques, ortho-doxes et anglicanes, ainsi que dans de petites bouteilles que les prêtres transportent pour certaines occasions (l'exorcisme, par exemple). Vous n'avez donc pas trop à vous inquiéter de l'eau bénite. De plus, un vampire comme Edward est immunisé contre elle, comme contre les autres répulsifs à vampires habituels.

L'eau bénite est de l'eau ordinaire qui a été bénie par un prêtre ; celui-ci peut ensuite utiliser cette eau pour les baptêmes ou toute autre bénédiction, ainsi que pour les exorcismes, bien sûr. Elle se trouve généralement près de l'entrée de l'église, afin que les personnes qui y entrent se rappellent qu'elles ont été baptisées dans la foi chré-tienne. Dans les églises catholiques, certaines person-nes trempent leurs doigts dans l'eau bénite avant de se signer : double protection contre les vampires assurée.

Une fois utilisée, où passe l'eau bénite ? Peut-on s'en débarrasser en la jetant dans un évier ordinaire, pour qu'elle parte s'écouler dans de vulgaires tuyaux? Certes non, vous l'aurez deviné. Étant bénite, bénie par Dieu, cette eau doit être versée directement dans le sol. Ce n'est pas idiot... mais il l'aurait été encore moins de la laisser s'évaporer pour rejoindre les cieux, non ?

L'EXORCISME ET LES VAMPIRES

Les vampires sont habituellement immunisés contre l'exorcisme pratiqué par les prêtres. C'est en se faisant contaminer par un autre vampire qu'on le devient à son tour physiquement, et non parce que des esprits malins en quête d'un nouveau corps à habiter décideraient qu'un tel ferait l'affaire. L'exorcisme consiste à faire sortir un mauvais esprit du corps humain vivant dans lequel il s'est installé.

Néanmoins, l'exorcisme a parfois été pratiqué sur des vampires. Dans le film *Bram Stoker's Dracula*, par exemple, Anthony Hopkins joue le rôle du Dr Van Helsing, qui pratique l'exorcisme sur les vampires dans la tradition des exorcistes qu'on a pu voir au cinéma dans des films comme *L'Exorciste*, de 1973. Anthony Hopkins essaie de purger l'esprit maléfique de Dracula du corps des vampires, alors que dans *L'Exorciste*, le prêtre tentait de purger les esprits démoniaques du corps d'une jeune fille innocente.

Dans le cas de *L'Exorciste*, l'un des films d'épouvante les plus connus, et qui choqua beaucoup à sa sortie, la possession par des démons de l'actrice de douze ans Linda Blair était basée sur un véritable exorcisme pratiqué pendant deux mois par le prêtre jésuite frère William S. Bowdern. Dans la vraie version des faits, c'est un garçon de quatorze ans qui était possédé par les démons.

Le personnage de Linda Blair est expurgé des démons par une série de prières en latin, un arrosage permanent à l'eau bénite, et à l'aide de croix gigantesques. Le film fut suivi de beaucoup d'autres sur le même thème, comme la trilogie de *La Malédiction*, dans laquelle un petit garçon est possédé par des démons et a besoin d'un exorcisme. Dans *Bram Stoker's Dracula*, Van Helsing déclame des prières en latin, arrose d'eau bénite, et confronte les vampires à de gigantesques croix. Lorsque Lucy est transformée en vampire et apparaît dans la crypte, tenant dans ses bras un enfant gémissant, Van Helsing brandit une croix géante, et Lucy recule de terreur. Puis, alors qu'il récite des prières d'exorcisme, elle se met à vomir du sang, tout comme le personnage de Linda Blair vomissait pendant les séances d'exorcisme de son prêtre.

Plus tard, quand Dracula prend la forme d'un brouillard vert pour se glisser jusqu'à la cellule de Renfield dans l'asile, Van Helsing se remet à entonner des prières d'exorcisme et à répandre de l'eau bénite. Le mode opératoire de l'exorcisme est si semblable à celui du film avec Linda Blair que Van Helsing va jusqu'à chanter « Le Christ vous oblige », référence affichée à la réplique culte de *L'Exorciste* « La puissance du Christ vous oblige ! » Il parviendra à repousser les trois femmes vampires de Dracula en déclamant ses prières « au nom du Christ ».

Le film de 1992 était fantastique, même si je dois avouer que le portrait de Van Helsing en exorciste m'a beaucoup amusée. Il était un peu tiré par les cheveux, et beaucoup trop calqué sur *L'Exorciste* à mon goût. Bien sûr, Anthony Hopkins est un acteur formidable, qui a fait honneur au rôle de Van Helsing, mais je ne suis pas rentrée dans le jeu de ce Van Helsing exorciste. Les vampires ne sont pas possédés par des démons. Ils sont eux-mêmes des entités maléfiques : c'est en se faisant mordre par un vampire qu'ils sont devenus ce qu'ils sont.

Imaginez un peu comme il serait grotesque qu'un personnage essaie d'exorciser les esprits démoniaques d'Edward Cullen, dans *Fascination*. Probablement Edward en rirait-il avant de passer son chemin.

CHAPITRE 14

PRENDRE SOIN DE SON VAMPIRE, DEUXIÈME PARTIE :
TOUT CE QU'IL FAUT SAVOIR SUR LES CERCUEILS, LES CAPES NOIRES, LES CHAUVES-SOURIS, LES PIEUX DE BOIS À PLANTER DANS LE CŒUR, LA DÉCAPITATION ET LE FEU

Edward Cullen n'a pas besoin de sommeil. Il n'a donc pas besoin d'un lit ou d'un cercueil, comme beaucoup de vampires. Il explique à Bella Swan que l'histoire des vampires qui dorment toute la journée dans des cercueils n'est qu'un mythe.

Que préféreriez-vous : un petit ami qui dort toute la journée dans un cercueil, ou un qui vous regarde dormir toute la nuit ? Pas évident !

La tradition veut que les vampires dorment dans des cercueils car ce sont des morts-vivants. Ainsi, lorsqu'un vampire se déplace – en traversant un océan depuis la Transylvanie jusqu'à Londres, par exemple – il emporte son cercueil avec lui. Ce doit être son propre cercueil, pas celui d'un autre vampire ou d'un vieux cadavre, et il doit contenir de la terre de son pays d'origine.

Ceci peut entraîner quelques complications. Admettons, par exemple, qu'au bout de trois cents ans le cercueil se mette à pourrir – après tout, il est fait de sapin ou d'un autre bois qui ne dure pas éternellement. Donc, le cercueil pourrit, et notre vampire se retrouve sans lit. Selon la légende, il ne doit pas dormir dans un autre cercueil que le sien, ou dans celui d'un mort. Des vampires comme Dracula ou Nosferatu possèdent de nombreux cercueils – ou des caisses faites façon cercueil –, qu'ils embarquent avec eux lors de leurs voyages.

Pour la terre, que se passe-t-il si le cercueil tombe à l'eau avant d'avoir atteint Londres ? Tout l'humus natal sera perdu en mer avec la caisse ou le cercueil. Que devient alors notre vampire ? S'il n'a pas son cercueil en guise de lit, un vampire peut-il dormir ? Et s'il ne dort pas assez, devient-il plus lugubre et dangereux ? Considérant que les vampires sont déjà des êtres peu aimables (sauf pour quelques exceptions comme Edward Cullen, du côté des vampires sympas), un vampire exténué risquerait fort d'être encore plus redoutable.

Si le bateau parvient à accoster sans avoir perdu son précieux chargement, le vampire engage alors quelques types idiots à faces de rat pour transporter ses caisses de terre vers son nouveau château. Il est obligé d'embaucher des abrutis, car toute personne équipée d'un cerveau normal devinerait que le type sinistre et sans valises qui fait transporter cinquante caisses de terre dans un château lugubre ne peut être qu'un vampire.

Je ne comprends toujours pas comment les villageois et les Londoniens ne remarquent pas le passage de ces brutes transportant à travers les rues des douzaines de grosses caisses. Même de nuit, on remarque une procession de ce genre. Personnellement, j'habite dans un petit village, et je peux vous garantir que si à minuit d'anciens prisonniers trimballaient cinquante cercueils dans une rue, il y aurait quelqu'un pour s'en rendre compte. Je dois rendre hommage au *Dracula* de Stoker, qui prit le soin de faire porter ses caisses de terre en différents coins plus ou moins éloignés de Londres. Ainsi, si quelqu'un en découvrait une à un endroit, Dracula pouvait aisément se réfugier ailleurs. Dans le roman, des poursuivants repèrent d'ailleurs ces emplacements et cherchent à les détruire, mais Dracula s'enfuit avant qu'ils n'atteignent la dernière caisse.

Mais en général, les cercueils sont livrés sur le nouveau lieu de résidence du vampire, où les abrutis les installent au sous-sol. Théoriquement, pour reprendre des forces, le vampire doit reposer dans son cercueil, avec au moins un peu de terre natale sur lui. Le vampire typique pose ses mains sur sa poitrine, ferme les yeux, et (de manière très théâtrale) s'assied dans le cercueil avant de s'allonger, raide, jusqu'à ce que sa tête touche sa terre chérie. Le couvercle du cercueil se referme alors.

N'oubliez pas que ce vampire-type (qui n'a rien à voir avec la famille Cullen, bien sûr, car eux n'ont pas besoin de dormir) va se coucher vêtu d'une longue cape noire, d'une chemise blanche immaculée et parfaitement repassée, et d'un pantalon noir bien coupé. Ses cheveux sont parfaitement coiffés, et son visage rasé de près. (Nosferatu, alias le comte Orlock, ignore parfois ce rituel pour se suspendre comme une simple chauve-souris. Et comme toujours avec lui, qu'il soit éveillé ou endormi, le look n'y est pas.)

Bizarrement, on ne voit jamais les vampires se peigner, bien que leur chevelure et leur coiffure soient souvent parfaites. Comme ils dorment la tête dans la terre, ils doivent pourtant bien se bichonner un peu !

Si vous dormiez dans un cercueil rempli de terre, vos cheveux seraient couverts de terre à l'arrière de votre tête à votre réveil. L'arrière de vos vêtements aussi serait sali. Les vampires étant décrits comme froids de peau, je présume qu'ils ne transpirent pas. La moindre transpiration, ou même l'humidité d'une cave, suffirait à agglutiner la terre sur les cheveux et les vêtements du vampire. Terre plus humidité égale boue !

Alors comment font les vampires pour avoir leur cape et leur pantalon parfaitement repassés au réveil, la coiffure impeccable, etc. ? Peut-être que les rats leur font la toilette dans leur sommeil. Ou que les habits de vampire sont infroissables et insalissables, faits d'un tissu spécial qui repousse saleté et humidité. Après tout, ils portent le même costume jour et nuit, ne le lavent jamais, et ne transportent jamais de garde-robe de rechange.

Il est plutôt agréable que Stephenie Meyer ait choisi de se passer de cercueil et de terre pour ses vampires. Il serait plus difficile d'imaginer comment Bella Swan est tombée amoureuse d'un mec avec de la terre collée partout, en cours de biologie. Il est plus facile de croire qu'elle s'est éprise d'un vampire propre sur lui, qui porte des vêtements normaux et ne sent pas le moisi, le renfermé et l'humidité.

Toute cette histoire de cercueil et de terre est très exagérée. En réalité, les gens croyaient aux vampires bien avant qu'on utilise des cercueils pour les morts. À l'époque où Carlisle devint vampire, par exemple, seuls les plus riches pouvaient se permettre de se faire enterrer dans un cercueil. Bien que Carlisle ait l'air d'avoir 23 ans, il naquit vers 1640 et mourut peu après 1660.

Petite parenthèse : Peter Facinelli, qui joue le rôle de Carlisle dans le film *Twilight*, a en fait 34 ans, et est marié à l'actrice Jennie Garth, qui devint célèbre pour le rôle de Kelly Taylor dans la série *Beverly Hills*. Lycéenne également, Kelly était bien plus perturbée que Bella – qui essaie pourtant de se suicider dans *Tenta-*

tion. Kelly avait des problèmes avec les garçons, elle tomba amoureuse des deux personnages principaux de la série, fit une fausse couche, se fit violer puis tuer. Tout cela n'eut pas lieu en même temps, bien sûr : ces épreuves s'étalèrent sur la (longue) durée de diffusion de la série à succès. Bref, Peter Facinelli et Jennie Garth ont aujourd'hui trois filles – et des vraies, à la différence du personnage de Facinelli dans *Twilight*. À noter, son aînée, née en 1997 et donc bien avant le film *Twilight*, s'appelle Luca *Bella*.

Donc, du temps de Carlisle Cullen, à moins d'être fabuleusement riche, il n'y aurait pas eu de cercueil pour lui. À cette époque, on enveloppait les morts dans des linceuls avant de les mettre sous terre. Les animaux pouvaient facilement creuser pour déterrer ceux qui n'étaient pas profondément inhumés.

Au début du XVIIIe siècle, davantage de personnes se faisaient enterrer dans des cercueils. Au cas où le récent défunt serait un vampire, on plantait un pieu de bois dans son cœur avant l'enterrement. Encore plus cruel, il arrivait parfois que l'on cloue les vêtements, mais aussi les bras et les jambes du cadavre aux parois du cercueil. On pensait que cela bloquait le futur vampire dans son cercueil, et qu'ainsi il ne pourrait en sortir pour aller sucer le sang des villageois autour de lui. Le cercueil devint donc petit à petit nécessaire pour piéger le vampire sur place, en espérant qu'il finisse par se mordre lui-même !

Les gens croyaient aussi que les vampires étaient polymorphes, c'est-à-dire, en l'occurrence, qu'ils pouvaient se transformer en loups, en chauve-souris ou en brouillard, entre autres. Même cloué à son cercueil, un vampire pouvait donc se métamorphoser en brouillard, par exemple, et se faufiler par les cavités du sol pour s'échapper et poursuivre ses saccages. La séquestration du vampire dans son cercueil n'est guère efficace pour qui maîtrise l'art de la métamorphose.

Dans les fictions, les premiers vampires tels que Lord Ruthven et Varney le Vampire ne possédaient pas de cercueil. Ils se reposaient quand ils étaient fatigués, sans avoir besoin d'un refuge particulier pour cela.

Le Dracula de Bram Stoker (le vampire du livre) n'avait pas non plus de cercueil pour dormir, mais il lui fallait en revanche de la terre de son pays pour avoir un repos réparateur. Il fit donc porter avec lui des caisses pleines de terre dans son voyage sur terre et sur mer, qui ressemblaient un peu à des cercueils. Lorsque cette terre fut « souillée » par des objets pieux, Dracula dut retourner en Transylvanie. Van Helsing déposera même des hosties dans une tombe portant le nom de Dracula, à la fin du roman, pour s'assurer que le vampire ne pourra plus jamais s'y réfugier.

Si le Dracula de la version originale de Stoker n'avait donc pas de véritable cercueil, celui joué par Bela Lugosi en 1931, en revanche, en possédait un. Dans le film, les femmes de Dracula dorment elles aussi dans des cercueils.

Nous savons qu'Edward et les membres de sa famille peuvent survivre dans le faible ensoleillement de la région de Forks. Nous savons aussi qu'ils n'ont pas besoin de sommeil. Ils n'ont donc pas besoin de cercueils, ce qui ne serait pas le cas s'ils craignaient la lumière ou s'ils devaient dormir. Une fois le couvercle fermé, le vampire n'a plus rien à craindre des rayons du soleil ou d'un quelconque ennemi qui pourrait le menacer pendant son repos.

Dans la série de romans *Les Chroniques des Vampires* d'Anne Rice, les vampires dorment dans des cercueils pour se protéger du soleil. Dans *Entretien avec un Vampire*, on assiste à une anecdote amusante : Lestat de Lioncourt transforme Louis en vampire, mais il oublie de lui procurer un cercueil. Le jour étant alors imminent, le vieux et le jeune vampire se retrouvent contraints de dormir à deux dans le cercueil de Lestat !

Donc, si votre vampire de petit ami est comme Edward et ne dort pas dans un cercueil, vous n'aurez pas à le protéger de ceux qui sont à l'affût de ce genre de choses. Si vous êtes très maline, vous pourriez même être tentée de placer une cinquantaine de faux cercueils à vampires pleins de terre aux quatre coins de la ville. Quand les chasseurs de vampires soupçonneront votre homme, ils chercheront partout ces fameux cercueils, et les détruiront alors peut-être, mais ils ne le trouveront jamais. C'est une excellente technique de bluff que je vous recommande vivement pour préserver votre Edward à vous.

Si votre vampire est plus traditionnel et qu'il a besoin de son cercueil avec terre, une idée pourrait être de vivre près d'un grand cimetière. Personne ne pourra jamais dire dans quelle tombe il se réfugie pendant le jour.

Pour ce qui est de la cape noire, comme je l'ai déjà évoqué, il est heureux pour l'histoire de Bella et d'Edward qu'il n'en porte pas. Il aurait l'air trop bizarre de porter ça en plein lycée, non ? Je ne suis pas sûre que cela plairait beaucoup aux filles.

Le noir de la cape symbolise bien sûr la mort et la nuit. C'est l'absence de couleur. C'est l'ombre. Un vampire vêtu de noir se fond dans la nuit. S'il portait du bleu turquoise ou du vert fluo la nuit, on le repérerait tout de suite. S'il essayait de traverser discrètement la pelouse ou d'escalader le mur de votre maison habillé en costume rouge et vert à carreaux, il serait à peu près sûr de se faire remarquer.

On peut comprendre qu'il devienne lassant de ne s'habiller que de noir pendant plusieurs siècles. Les morts-vivants ne sont pas réputés pour leur côté fashion. En fait, le look gothique existe depuis si longtemps qu'il n'est plus à la mode. Je préfère ne pas penser au nombre de vaches qui ont été sacrifiées pour produire tout ce cuir noir. Il y a dix ou vingt ans, tout le monde portait du noir tout le temps : c'était censé être le look le plus cool. Tout le monde, même les hommes d'affaires, avait sa veste de cuir noir et le pantalon noir, on ne voyait plus que cela partout. En vous promenant dans les rues des grandes villes, vous aviez l'impression d'être dans une procession funéraire. Dès les années 1970, on vit aussi apparaître les punks gothiques. Mais aujourd'hui, il faut être complètement gothique pour adopter ce look, qui n'est plus du tout aussi original.

Mais revenons à nos histoires de capes – dont la famille Cullen se passe très bien. Si les anciens vampires semblaient attachés à leur costume traditionnel, les vampires modernes, eux, font plutôt comme les Cullen : ils s'habillent normalement. Ceci leur permet de s'intégrer partout sans se faire remarquer. Si un type se promène en cape noire de vampire sur une avenue de New York, il va vite se faire repérer, mais mettez-lui un jean et un T-shirt, et personne ne saura que c'est un vampire (ou un gothique qui voudrait avoir l'air d'un vrai vampire sans cape).

Le vampire des temps modernes est donc revenu aux sources, car avant le Dracula de Bela Lugosi, les vampires des anciennes légendes ne portaient pas ces tenues de soirées de la haute société victorienne avec cape noire d'opéra. C'est Hamilton Deane, un dramaturge, qui brossa le premier portrait de Dracula en tenue de soirée et cape noire. Mais c'est Bela Lugosi qui l'immortalisa réellement dans ce look sophistiqué, avec une voix sexy, des cheveux noirs bien gominés, un regard intense... et la cape noire d'opéra.

Le Dracula du livre de Bram Stoker s'habillait en noir mais ne portait pas de cape. Il avait les cheveux noirs, une épaisse moustache et des yeux bleus qui viraient au rouge quand il s'énervait. Il était plus âgé que le jeune Edward Cullen, disons comme Bela Lugosi, mais il rajeunit au fur et à mesure que l'histoire avance.

Si vous voulez protéger votre vampire, il vous faudra donc tenir sa cape hors de sa vue s'il en possède une, afin qu'il ne la mette plus jamais : elle l'identifie clairement comme vampire. S'il vous fait un cinéma pour la récupérer, dites-lui que vous l'avez perdue et que vous n'avez pas la moindre idée de l'endroit où elle pourrait être.

Un autre signe susceptible de trahir le fait que vous sortez avec un vampire est que des chauves-souris pourraient vous suivre en permanence. Si votre voisin voit une énorme chauve-souris rentrer dans votre chambre à l'aube pour repartir à la tombée de la nuit, il pourrait se douter que vous vivez avec un vampire. Pareillement, si une flopée de chauves-souris squatte uniquement les alentours de votre maison, on se doutera peut-être que vous hébergez un ou deux spécimens. Et bien sûr, si cinquante de ces bestioles quittent votre maison un soir pour attaquer le prêtre, reviennent puis repartent le lendemain pour se jeter sur les enfants du quartier, vos voisins sauront que vous trempez dans l'histoire. Votre amoureux sera percé à jour.

On associe toujours les chauves-souris aux vampires car une espèce d'entre elles, les chauves-souris vampires, suce le sang de leurs proies. C'est Bram Stoker qui relia la chauve-souris à Dracula dans son roman de 1897. Dracula avait le pouvoir de rassembler et de commander les créatures de la nuit, y compris la chauve-souris, et il pouvait lui-même en prendre la forme, parmi d'autres. Très tôt dans le livre, une chauve-souris apparaît à la fenêtre de Jonathan Harker dans le château de Dracula, et, plus tard, Harker voit Dracula se déplacer comme une chauve-souris le long des murs du château. À Londres, Dracula endosse souvent cette forme pour traverser rapidement la ville sans se faire remarquer.

Depuis le *Dracula* de Bram Stoker, chauves-souris et vampires sont donc devenus inséparables. Mais parfois, comme dans *Fascination*, il peut arriver qu'elles n'aient pas de rôle à jouer.

La chauve-souris vampire

Les chauves-souris vampires vivent au Mexique, en Amérique du Sud et en Amérique centrale. Il n'existe que trois sortes de chauves-souris vampires sur le millier d'espèces recensé. Elles font partie de la famille mammifère des *Phyllostomidae* et de la sous-famille des *Desmodontidae*, les plus courantes étant les *Desmodus rotundus*, suivies des *Diaemus youngi* et des *Diphylla ecaudata*. Les chauves-souris sont les seuls mammifères capables de voler.

Comme les chats, les chauves-souris passent le plus clair de leur temps à dormir – la comparaison s'arrêtera là : essayez donc de faire dormir votre chat la tête en bas ! Les chauves-souris préfèrent dormir dans cette position, qui leur permet de quitter très rapidement leur perchoir pour s'envoler.

La plupart des chauves-souris se nourrissent de fruits et d'insectes. Les chauves-souris vampires, elles, se nourrissent de sang, et rien que de sang : en cela, elles sont de vrais vampires.

Desmodus rotundus, la chauve-souris vampire la plus commune, ne boit que du sang de mammifères. Ses congénères, plus rares, *Diaemus youngi* et *Diphylla ecaudata*, boivent le sang des oiseaux. Notez que je ne dis pas « sucer le sang », car les chauves-souris vampires, à l'inverse des vampires humains, ne sucent pas le sang de leur proie. Leur technique est différente : elles utilisent des capteurs thermiques pour localiser une veine sur leur proie, la sectionnent de leurs petites dents tranchantes, puis, quand le sang coule à flots d'une veine ou d'une artère principale, les chauves-souris vampires lapent le sang. Finalement, un autre point commun avec les chats : le chat lape l'eau ou le lait avec sa langue, tout comme la chauve-souris vampire lape le sang avec la sienne. Je ne sais pas ce que vous en pensez, mais je trouve le chat plus fréquentable comme animal de compagnie. Pour empêcher le sang de figer pendant qu'elle se repaît, la salive de la chauve-souris possède un agent anticoagulant. Quand la bête s'est bien gavée et qu'elle retombe du cou de sa victime, la peau du ventre bien tendue, la lésion dans le cou de sa proie pourra commencer à sécher et à cicatriser, laissant une trace rappelant celle laissée par les vampires. La chauve-souris vampire boit approximativement quinze millilitres de sang à chaque prise. Cela peut sembler anecdotique, sauf quand on sait que cela représente quarante à cinquante pour cent de son poids avant qu'elle ne commence son festin ! C'est la raison pour laquelle elle se retrouve si ballonnée après chaque repas. Bizarrement, on ne voit jamais les vampires prendre du volume et se retrouver eux aussi tout ballonnés après un bon dîner, dans les films : ils restent minces et à l'aise en toutes circonstances. Mais les chauves-souris vampires, elles, se remplissent parfois tellement de sang qu'elles ne parviennent même plus à repartir avant d'avoir digéré une bonne partie de leur repas.

Il est très probable que les vampires, y compris Edward Cullen, possèdent une sorte d'anticoagulant dans leur salive, afin que le sang s'écoule correctement pendant qu'ils s'en abreuvent. La majorité des insectes piqueurs, comme les moustiques, injectent un anticoagulant à leurs victimes pendant la piqûre.

Comme beaucoup de vampires, Edward est sensible aux odeurs. Il explique à Bella qu'il respire non parce qu'il *faut* qu'il le fasse, mais parce qu'il adore percevoir odeurs et parfums. Il peut souvent la retrouver rien qu'en suivant son odeur, même de loin.

Les chauves-souris vampires ont également un excellent odorat, mais c'est le bruit de la respiration de leurs proies qui leur permettrait de les identifier. Selon *Science Daily* « Les chauves-souris vampires se nourrissent de la même proie plusieurs nuits de suite, et les auteurs de l'étude [Udo Groeger et Lutz Wiegrebe, de l'Université Ludwig Maximilians à Munich, en Allemagne] suggèrent qu'elles utilisent les sons de la respiration pour identifier leurs proies, tout comme les humains utilisent la voix pour se reconnaître entre eux[1]. »

De plus, les chauves-souris vampires sont très athlétiques : elles peuvent non seulement voler, mais leurs pattes musclées leur permettent aussi de ramper, de

---

1. *Vampire Bats Recognize Their Prey's Breathing, Science Daily*, 16 juin 2006.

sauter, de marcher, de courir, performances que peu de chauves-souris sont capables d'assurer. Cette force et cette agilité constituent un autre point commun avec les vampires humains, qui sont toujours décrits comme des super-athlètes. Malgré sa petite taille (environ un pouce d'homme, avec une envergure de vingt centimètres ailes déployées), la chauve-souris vampire est donc la super-athlète du monde des chauves-souris.

Mais à la différence de nos vampires, la chauve-souris n'est pas très intéressée par le sang humain. Elle préfère généralement celui des animaux, et c'est seulement si elle ne trouve aucune bête à se mettre sous la dent qu'elle s'en prendra à l'homme.

La question est : cherche-t-elle alors à mordre dans le cou ?

Aussi surprenant que cela puisse paraître, la réponse est non. Dans le magazine *Live Science*, on peut lire que : « Pour les chauves-souris, un homme qui dort n'est qu'un grand animal chaud et inconscient. Elles iront plutôt se poser sur un gros orteil », comme l'explique Barbara French, experte en chauves-souris au Bat Conservation International, une association basée au Texas. « On y trouve un bon afflux de sang, et la morsure y est généralement moins remarquée[1]. »

Imaginer un vampire canon comme Edward Cullen en train de vous sucer le gros orteil n'est certes pas aussi sexy que de l'avoir blotti dans votre cou, mais que voulez-vous, les faits sont les faits, on n'y peut rien ! Heureusement, les vampires humains ne sont pas comme les chauves-souris : on peut donc s'autoriser à croire si le petit animal choisit vos orteils, le grand préférera, lui, s'occuper de votre cou.

---

1. *Behind the Recent Spate of Vampire Bat Attacks*, LiveScience, 14 novembre 2005.

Une véritable menace pour votre vampire pourrait être un clan du type de celui des Volturi dans la saga *Fascination*. Ce clan royal des vampires est si puissant et règne sur tant d'autres vampires influents, qu'ils ont le pouvoir d'exécuter certains de leurs semblables.

Nous savons que dans cette saga, les vampires peuvent mourir. Ils se tuent d'ailleurs souvent entre eux. Dans *Hésitation*, Stephenie Meyer nous explique que les vampires se sont livrés de féroces batailles dans le passé, où beaucoup sont morts, et que les Volturi essaient de garder la situation sous contrôle depuis lors. On apprend que les nouveaux vampires sont redoutables, imprévisibles, tout à fait capables de tuer d'autres vampires, surtout lorsque ces jeunes attaquent en bande. Jasper, par exemple, fut formé pour se battre contre des vampires pendant longtemps, avant de se lasser de tuer ses congénères et d'aspirer à une vie plus paisible.

Une autre indication nous est donnée dans *Hésitation*, lorsqu'Edward se débarrasse de Victoria. Là, le combat ressemble à un affrontement entre mortels, excepté bien sûr qu'ils se déplacent à la vitesse de l'éclair, et qu'ils ont plus de force que mille grizzlis ensemble. Mais Victoria est un vampire qui veut tuer Bella Swan ; Edward doit donc intervenir. Il tue Victoria dans une pure épreuve de force, avant de lui déchirer le cou comme dans un baiser de mort vampirique. Elle sera réduite en lambeaux puis brûlée.

Ce n'est là qu'un exemple tiré de *Fascination* sur la manière dont les vampires peuvent être tués. Il en existe d'autres, mais la façon la plus courante est de les mettre en pièces et de les brûler.

Pour beaucoup de vampires, la mort survient par un pieu planté dans le cœur, la décapitation et l'incinération du corps. Stephenie Meyer s'éloigne des méthodes habituelles, excepté le fait de brûler le corps, qui semble une étape incontournable du rituel de la mort des vampires.

Il y a longtemps, dans la nouvelle de Sheridan Le Fanu *Carmilla*, le pieu était *le* remède au vampirisme, tradition qui a perduré depuis. Le pieu planté dans le cœur est une vieille coutume pour éliminer les vampires, qui nous renvoie dans les temps où les hommes n'enterraient pas encore leurs morts dans des cercueils. Vous vous rappelez que nous avons évoqué ces cadavres cloués à leur cercueil ? C'est en rapport avec cette habitude de planter un pieu dans le cœur des présumés vampires, afin qu'ils soient complètement neutralisés et ne puissent se faire la belle pour aller terroriser ou tuer les habitants des villages et des villes. Il arrivait que le pieu soit planté dans l'estomac plutôt que dans le cœur, puisque le but initial était de le clouer au sol.

Il existait différents types de pieu pour tuer les vampires, certains de bois, d'autre de fer. Cela dépendait des régions. Des essences de bois spécifiques pouvaient aussi être utilisées, telles que le genévrier, le frêne ou l'aubépine.

L'usage de l'aubépine pour éloigner les mauvais esprits ou les sorcières remonte à la Grèce antique. Le bois d'aubépine était particulièrement populaire en Europe du Sud, où il représentait une protection contre toutes les formes surnaturelles du mal, y compris les vampires. On disposait des copeaux et des écorces d'aubépine dans le berceau des bébés et près du lit des enfants, ainsi qu'à l'entrée des églises et des maisons. On pensait que non seulement il arrêtait les forces maléfiques, mais aussi qu'il était sacré et représentait une forme de sainteté, ce que les vampires et autres entités démoniaques n'apprécient guère. La légende dit que la couronne d'épines du

Christ était faite en partie d'aubépine. C'était donc un matériau sacré, et, à l'instar de l'hostie que Van Helsing plaça dans la tombe de Dracula, un pieu fait de bois d'aubépine avait le pouvoir d'anéantir n'importe quel vampire. Van Helsing prétendait même qu'une branche d'aubépine posée sur un cercueil empêchait à coup sûr le vampire qui y dormait d'en sortir. L'aubépine appartient à la famille des rosacées, et est aussi parfois appelée épine blanche.

Les pieux furent donc d'abord plantés dans le ventre ou dans le dos des vampires, mais lorsqu'on commença à enterrer les gens dans des cercueils, il fallut cibler le cœur. Il ne suffisait plus de les clouer au sol : le tueur de vampires devait diriger le pieu vers la partie du corps qui représente le sang, c'est-à-dire le cœur.

La décapitation est une autre méthode courante pour se débarrasser des vampires encombrants. Dans le *Dracula* de Bram Stoker, Van Helsing dut prouver au fiancé de Lucy Westenra, Arthur Holmwood, qu'elle était vraiment un vampire, avant que celui-ci ne l'autorise à lui trancher la tête. On croyait autrefois que sans la tête, le corps d'une personne n'avait plus d'âme. Donc, si Lucy mourait en tant qu'humaine, il fallait qu'elle puisse conserver son âme. Et si c'était un vampire, elle n'avait déjà plus d'âme, auquel cas Arthur Holmwood pouvait approuver sa décapitation sans avoir à redouter d'exclure sa chère Lucy du royaume des cieux.

La décapitation se rapproche de l'idée de clouer les membres du vampire à son cercueil : il ne serait pas bon à grand-chose sans sa tête. Sauf s'il est un vampire moderne, et médecin comme Carlisle Cullen. Peut-être pourrait-il alors sortir de son cercueil et s'opérer lui-même pour rattacher sa tête à son corps !

C'est un peu tiré par les cheveux, je vous l'accorde. Admettons juste que le médecin vampire soit assez costaud pour faire sauter les clous qui le retenaient aux parois de son cercueil par les bras et les jambes. Le voilà sans tête. Il fouille à tâtons dans le cercueil, finit par trouver la tête à ses pieds, et s'en empare. Il se transforme en brouillard et s'échappe de la tombe par une cavité dans le sol, emportant sa tête tranchée avec lui. Toujours en brouillard, il se rend à la maison funéraire ou à l'hôpital le plus proche, où l'on trouve tout l'équipement chirurgical nécessaire. Il se faufile dans les couloirs quand tout le monde est rentré chez soi, ou, si c'est un hôpital très fréquenté, dans un bloc opératoire pendant un accouchement.

À noter : il ne serait pas pertinent qu'il se glisse dans un bloc où l'on fait de la chirurgie cardiaque ou du cerveau. Pendant ces interventions, les médecins et les infirmières savent exactement où se trouve le moindre instrument – du moins, espérons-le. Par contre, dans une salle d'accouchement, la mère hurle sans se rendre compte de ce qui se passe autour d'elle ; le père, s'il est présent, est évanoui par terre ; les infirmières gazouillent au-dessus du bébé et s'affairent à son confort et sa sécurité ; le docteur est en train de fixer un rendez-vous sur son téléphone portable pour une partie de golf, ou en train de courir pour mettre au monde un autre enfant. Notre vampire brouillard pénètre donc dans la pièce où un bébé vient de naître. Toujours sous cette forme, il s'approche d'une table et s'empare d'aiguilles chirurgicales, de fil, de pinces et de tout ce qu'il faut. La mère hurle à la mort, le père défaille. Personne ne remarque le brouillard dans le fond de la pièce. Mais le vampire a encore un problème : il n'a pas de tête. Comment est-il censé réfléchir et se souvenir de la façon dont il recoudra sa tête à sa place ? Comment peut-il voir ce qu'il fait avec ses aiguilles et son scalpel ?

En fait, cet exemple nous montre bien pourquoi on décapitait les vampires. Sans sa tête, et donc sans son cerveau et ses yeux, un vampire ne vaut rien.

La méthode d'Edward Cullen consistant à mettre sa proie en lambeaux a probablement la même logique. On imagine mal comment un vampire fait de deux cents pièces éparses pourrait reprendre une activité normale.

La croyance était autrefois répandue qu'un seul petit morceau de vampire pouvait suffire à recréer toute la créature. C'est pourquoi on les brûlait après les avoir décapités, comme Edward brûla Victoria. Dans de nombreux contes et légendes, on raconte que le vampire était transpercé par un pieu dans le cœur, cloué à son cercueil, décapité, aspergé d'eau bénite, brûlé avec de l'ail, mais aussi que beaucoup étaient hachés menus et réduits en cendres ensuite éparpillées pour que le vampire ne puisse ressusciter à partir de cette ultime poussière.

Il y a très longtemps, le feu était l'un des nombreux symboles des dieux. Souvenez-vous que le soleil lui-même était considéré comme un dieu dans de nombreuses cultures, comme nous l'avons évoqué plus tôt dans ce livre. Le feu était censé débarrasser le monde des vampires.

Dans les cultures chrétiennes, comme dans des petits villages d'Europe de l'Est, les gens savaient que la Bible utilisait le feu pour représenter Dieu débarrassant le monde du mal. Par exemple, Dieu fait usage du feu pour détruire les cités pécheresses de Sodome et Gomorrhe, et dans l'Apocalypse, il nettoie la Terre entière par le feu à la fin des temps. Dans la Bible, le feu détruit et nettoie, laissant les choses purifiées derrière lui.

En Europe de l'Est, on brûlait pour éliminer les restes du vampire décapité, transpercé et haché menu. Le feu servait aussi à éradiquer les bêtes malades et parfois des villages entiers quand ils étaient contaminés.

Dans la littérature, on utilise toujours le feu pour tuer les vampires. Ceux d'Anne Rice doivent passer par les flammes pour mourir, et Magnus se suicide en se jetant dans un brasier.

Dans ses romans, les vampires utilisent encore le feu pour s'affronter entre eux, comme avec l'incendie du théâtre des vampires à Paris, par exemple. St-Germain, dans les romans de Chelsea Quinn Yarbro, est également convaincu que le feu est *la* méthode pour détruire ses ennemis vampires.

Si votre homme est un vampire du genre d'Edward, vous n'aurez pas trop à vous inquiéter de la lumière, de l'ail ou de l'eau bénite, mais surveillez-le de près dès que la moindre flamme se trouve dans les parages. Voici quelques points à retenir :

1. Éliminez toutes les haches de la maison, au cas où un intrus voudrait décapiter votre homme.

2. Pas de couteaux de boucher dans la cuisine. Ils pourraient être utilisés pour mettre votre homme en lambeaux.

3. Ne faites pas de bananes flambées ou de marshmallows rôtis avec votre homme.

4. Oubliez barbecues et feux de camps.

5. N'achetez jamais une maison avec cheminée.

6. Ne gardez pas d'allumettes à la maison, pour quelque raison que ce soit.

La meilleure façon de protéger votre vampire est de devenir en quelque sorte une puissante déesse vampire vous-même, afin que vous puissiez vous protéger mutuellement.

Si un vampire comme Victoria surgit et s'en prend à lui, vous la dégommerez en un rien de temps. Nul besoin pour cela de bananes flambées ou de marshmallows rôtis, votre envie de sang suffira.

Allons, ce n'est pas si cher payé pour garder votre amoureux en vie, que diable !

Test sur les vampires

Vous avez déjà passé un premier test sur les vampires. Arrivant au quinzième chapitre de ce livre, vous devez donc désormais être un expert sur le sujet. Testons maintenant plus précisément vos connaissances sur les vampires pour voir si vous en avez le profil, ou au moins le potentiel. Comme à l'accoutumée, je vous indiquerai comment compter vos points à la fin du questionnaire.

Question 1 : Qui est l'auteur de *Carmilla* ?

A. Bram Stoker
B. Stephenie Meyer
C. Bella Swan
D. Rosalie Cullen
E. J.S. Le Fanu
F. H.P. Lovecraft
G. Charles Dickens
H. Edgar Allan Poe

Question 2 : Quel est le nom du vampire principal dans *Les Vampires de Salem* de Stephen King ?

A. Stephen King
B. Montague Summers

C. Le comte de Saint-Germain
D. Carmilla
E. Edward Cullen
F. Bella Swan
G. Richard Straker
H. Ta mère
I. J.S. Le Fanu
J. Bram Stoker

Question 3 : Dans les histoires traditionnelles de vampires, il existe plusieurs façons de les tuer. Laquelle de ces méthodes ne fonctionne pas pour les éliminer ? (Plusieurs réponses possibles.)

A. Le noyer dans une baignoire
B. L'étouffer avec un os de poulet
C. L'asperger d'essence
D. Enterrer le corps dans un cimetière dans une boîte en carton
E. Le décapiter
F. Le brûler
G. Transpercer son cœur avec un pieu
H. L'exposer à la lumière vive du soleil
I. Le forcer à se marier avec votre grand-mère
J. Lui faire apprendre le latin et le grec ancien

Question 4 : Qui a écrit des romans sur le comte de Saint-Germain ?

A. Stephenie Meyer
B. Anne Rice
C. Ta mère
D. Chelsea Quinn Yarbro

Question 5 : Où un vampire traditionnel dort-il pendant la journée ?

A. Il ne dort pas. Comme Edward, il reste éveillé toute la nuit et vous regarde dormir

B. Dans un cercueil rempli de sa terre natale

C. Dans le ciel

D. En cours de biologie

E. Sur un yacht spécial vampire en route pour Londres

F. Sur une chaise longue dans sa vieille cave humide et moisie

G. À Forks, dans l'État de Washington

Question 6 : Que devez-vous mettre autour de votre cou pour éloigner les vampires traditionnels ?

A. Une croix

B. De l'ail tressé, des oignons avec des piments et de la sauce piquante

C. Un arbuste entier d'aubépine

D. Un artichaut roumain

E. Une photo de Jacob Black

Question 7 : De quoi les chauves-souris vampires se nourrissent-elles ? (plusieurs bonnes réponses)

A. De fruits et d'insectes

B. De sang séché congelé sur des bâtons, façon sucette sanguine

C. Du sang des mammifères

D. Du sang des vaches

E. Du sang de votre cou

F. Du sang de vos gros orteils

G. Du sang de vos veines
H. De caviar et de Champagne
I. De crêpes fourrées au fromage et au coulis de fraise
J. De glaces et de cacahuètes
K. De sang
L. Encore plus de sang
M. Toujours plus de sang

Question 8 : Qui est l'actrice de dix-neuf ans qui joue le rôle de Bella Swan dans le film *Twilight* ?

A. Jennie Garth

B. Anne Rice

C. Kristen Jaymes Stewart

D. Stephenie Meyer

E. Charlene Hale

Question 9 : Quel acteur anglais jour le rôle d'Edward Cullen dans le film *Twilight* ?

A. Jack Nicholson
B. Le Général Patton
C. Robert Pattinson
D. Esme Huntington
E. Brad Pitt

Question 10 : Quelle est la boisson préférée des vampires ?

A. L'eau du robinet
B. L'eau minérale
C. L'eau bénite
D. Le jus de pamplemousse
E. Le Tang
F. Le sang

Réponses

Il ne sera pas difficile d'évaluer votre score : si vous avez tout ce qu'il faut pour devenir ou pour dénicher un vampire, il vous faudra le maximum de points. Sans quoi, vous devrez probablement lire davantage de romans sur les vampires, regarder plus de films sur eux, puis recommencer ce test. Pour chaque question où vous avez la bonne réponse, donnez-vous un point. Et n'oubliez pas qu'il vous en faut 10 pour avoir réussi !

Question 1 : Qui est l'auteur de l'histoire de vampire *Carmilla* ?

La réponse est E, J.S. Le Fanu

Question 2 : Quel est le nom du vampire principal dans *Les Vampires de Salem* de Stephen King ?

La réponse est G, Richard Straker. Cette réponse s'impose par élimination des autres, qui sont absurdes. Vous pourriez à la rigueur avoir pu opter pour le comte de Saint-Germain, mais non, ce vampire n'était pas dans *Les Vampires de Salem*.

Question 3 : Dans les histoires traditionnelles de vampires, il existe plusieurs façons de les tuer. Laquelle de ces méthodes ne fonctionne pas pour les éliminer ? (plusieurs réponses possibles.)

Les méthodes ne fonctionnant pas sont la A, noyer le vampire dans une baignoire ; la B, l'étouffement par un os de poulet ; la C, l'asperger d'essence ; la D, enterrer le corps dans un cimetière dans une boîte en carton (sur celle-là, j'espère que vous ne vous êtes pas trompée !) ; la I, le forcer à se marier avec votre grand-mère (si vous vous êtes plantée sur celle-là j'arrête tout, tout de suite, et je retourne à l'école pour les dix prochaines années !) ; et la J, lui faire apprendre le latin et le grec ancien. Les autres méthodes sont efficaces : le vampire est habituellement tué par un pieu, par décapitation, ou bien par le soleil ou le feu. Dans *Fascination*, ils sont réduits en lambeaux puis brûlés.

Question 4 : Qui a écrit des romans sur le vampire le comte de Saint-Germain ?

La réponse est D, Chelsea Quinn Yarbro. J'ai mentionné le comte de Saint-Germain à la question 2.

Question 5 : Où un vampire traditionnel dort-il pendant la journée ?

La réponse est B, dans un cercueil rempli de sa terre natale. Si vous pensiez à Edward Cullen, alors peut-être la D, en cours de biologie, serait-elle la plus juste.

Question 6 : Que devez-vous mettre autour de votre cou pour éloigner les vampires traditionnels ?

La réponse est A, une croix. L'ail tressé marcherait, mais qui voudrait se promener avec des oignons, des piments et de la sauce piquante autour du cou ? Une croix est bien plus pratique.

Question 7 : De quoi les chauves-souris vampires se nourrissent-elles ?

Les réponses sont C, du sang des mammifères ; D, du sang des vaches ; E, du sang de votre cou ; F, du sang de vos gros orteils ; G, du sang de vos veines ; K, du sang ; L, encore plus de sang ; M, toujours plus de sang.

Question 8 : Qui est l'actrice de dix-neuf ans qui joue le rôle de Bella Swan dans le film *Twilight* ?

La réponse est C, Kristen Jaymes Stewart, et j'ose espérer que vous aviez la bonne réponse !

Question 9 : Quel acteur anglais jour le rôle d'Edward Cullen dans le film *Twilight* ?

La réponse est C, Robert Pattinson. Tout comme pour la précédente question, j'espère bien que vous aviez trouvé… sinon, c'est vraiment la honte pour vous !

Question 10 : Quelle est la boisson préférée des vampires ?

Trop facile ! La bonne réponse est bien sûr la E, le Tang. Mais non, je blague ! Ce n'est pas le Tang, mais le sang ! Ah ah ah !

Ce test était relativement simple, et je présume que vous avez répondu correctement à presque, sinon à toutes les questions. Si vous devez vous éprendre d'un vampire, il faut au moins connaître ces basiques.

CHAPITRE 16

LA VIE ÉTERNELLE : EST-CE VRAIMENT CE QUE L'ON CROIT ?

Nombreuses sont les personnes qui rêvent de vivre éternellement. Beaucoup d'entre elles veulent probablement rester jeunes, ne pas vieillir, d'où l'énorme marché des cosmétiques et de la chirurgie anti-âge. Mais la fontaine de Jouvence n'existe pas, pas plus qu'une quelconque alternative à la mort qui nous attend tous. Nous sommes des créatures de la nature, de chair et de sang, et tout ce qui vit finit par mourir.

Mais est-ce vraiment le cas ?

Un animal appelé hydre d'eau douce semble ne pas subir les outrages du temps. C'est une créature aquatique qui vit principalement dans les ruisseaux, les lacs et les étangs des zones chaudes à tempérées. Elle mesure de un à deux centimètres de long, et possède la particularité de pouvoir régénérer les parties de son corps blessées ou sectionnées.

L'hydre d'eau douce ressemble à un tube minuscule doté d'un pied adhésif d'un côté, et d'une bouche de l'autre – c'est-à-dire à quelques millimètres seulement de son pied collant. Entre six et douze tentacules flottent autour de sa bouche, chaque tentacule étant recouvert de cnidocytes, des cellules urticantes. Quand l'hydre s'approche de sa proie, les cnidocytes injectent subtilement au dîner potentiel une dose de neurotoxines, qui paralysent. Ces proies sont souvent de minuscules invertébrés aquatiques avec des noms très glamour, comme cyclopes ou daphnies.

Les cyclopes tirent leur nom de l'antique cyclope de la mythologie grecque, car ces petites créatures ne possèdent qu'un seul œil. Il est difficile d'imaginer un cyclope, long d'environ un millimètre, paralysé par un autre animal sur le point de le manger. Pourtant, même les animaux microscopiques chassent et se dévorent entre eux.

Les daphnies sont également minuscules : elles ne font parfois qu'un quart de millimètre. Ces créatures microscopiques ont pourtant une tête, cinq ou six paires de pattes, des yeux élaborés, des antennes, et même un cœur ! Les daphnies peuvent être enivrées par l'alcool, et les scientifiques ont vu leur rythme cardiaque s'emballer sous l'influence de la nicotine ou de la caféine. Il doit être assez facile pour l'hydre immortelle de chasser et d'attraper des daphnies éméchées traînant aux alentours des algues des étangs.

L'hydre d'eau douce n'est pas une algue unicellulaire. C'est un véritable animal, doté d'un système nerveux et de respiration. Malgré tout, il faut dire que son absence de cerveau la rend peu intelligente, et son absence de muscles peu sexy.

Mais même sans cerveau, l'hydre d'eau douce est assez maline pour vivre éternellement. Si un scientifique la met en pièces, même déchiquetée en morceaux microscopiques, elle va se régénérer jusqu'à reformer une nouvelle créature complète ! Une étude de 1998 faite par le professeur Daniel E. Martinez du Pomona College rapporte : « Pour évaluer la présence ou l'absence de vieillissement chez l'hydre, les taux de mortalité et de reproduction de trois groupes ont été analysés pendant une période de quatre ans. Les résultats ne fournissent aucune preuve de vieillissement : les taux de mortalité sont incroyablement bas, et l'on n'observe aucun signe apparent de déclin des taux de reproduction. L'hydre d'eau douce est peut-être étrangère à tout vieillissement, et potentiellement immortelle[1]. »

Donc : *si l'hydre d'eau douce peut vivre éternelle-ment, pourquoi le vampire ne le pourrait-il pas ?* L'argu-ment qui consistait à dire qu'aucune créature n'échappe à la mort ne tient simplement plus la route. L'immor-talité pourrait très bien être envisagée pour le vampire comme elle l'est pour l'hydre d'eau douce. Sans doute est-ce pour cette raison que les légendes de vampire, tout comme dans la saga *Fascination*, insistent toujours sur le fait que les restes des vampires doivent être entiè-rement brûlés pour empêcher que les morceaux ne se rassemblent pour redonner vie à la créature. Si les cellules d'hydre d'eau douce peuvent se regrouper pour recréer l'animal, pourquoi pas celles des vampires ?

La repousse des membres perdus, ou régénération tissulaire, est un sujet brûlant pour les scientifiques d'aujourd'hui. Se contenter de trancher les membres d'un vampire ou le mettre en pièces peut ne pas suffire à s'en débarrasser. Et si le vampire s'avérait capable de faire repousser le membre perdu ou de régénérer les tissus endommagés par son ennemi ? Il y a bien une raison au fait qu'Edward Cullen doive réduire en cendres les

---

1. Daniel E. Martinez, *Mortality Patterns Suggest Lack of Senescence in Hydra*, Experimental Geron-tology, Vol. 33, n°. 3, p. 217, 1998.

restes de Victoria après l'avoir mise en lambeaux. Il est très possible que les vampires puissent se régénérer, comme le pensaient les gens autrefois.

Steven Cadding, professeur de biologie intégrative à l'Université de Guelph, a étudié la régénération des tissus pendant plus de vingt-cinq ans, en se concentrant tout spécialement, sur l'axolotl, une sorte de salamandre qui possède ce pouvoir. Scadding a découvert qu'une substance appelée acide rétinoïque, ou tétrinoïne, est l'un des principaux agents de la régénération.

Forme acide de la vitamine A, l'acide rétinoïque est très populaire auprès de ceux qui veulent toujours avoir l'air jeune : il est censé atténuer les rides. Il sert aussi à soigner l'acné. Si votre rêve est de devenir un vampire à la peau nette, l'acide rétinoïque est donc peut-être la clé de votre bonheur.

Le plus important est que l'acide rétinoïque semble ralentir le vieillissement cutané, en « modifiant certains gènes, et en déclenchant des modèles de croissance spécifiques[1]. »

Ce sont les différentes quantités de cet acide dans le blastème (la couche de peau qui repousse sur le moignon du membre perdu) qui régulent la nouvelle croissance du membre chez l'axolotl. Scadding poursuit ses recherches sur la façon dont l'acide rétinoïque permet aux cellules de communiquer entre elles et de repousser au bon endroit[2].

Il espère ainsi comprendre comment l'axolotl se régénère, pour pouvoir ensuite l'appliquer aux êtres humains. « Si les amphibiens peuvent le faire – eux qui sont, tout comme nous, faits d'os, de muscles et de cellu-

---

1. Anne LeBold, *What Stimulates Limb Regeneration ? Research,* été 1995.

2. Ce passage est en partie extrait du livre de Lois H. Gresh et Robert Weinberg, *The Science of Super-villains,* John Wiley & Sons Inc., 2004.

les –, le potentiel doit exister pour que les humains puissent aussi le faire[1] », explique-t-il.

Un autre exemple, de chercheurs se consacrant à la régénération, est celui du professeur Lyn Bealsley, directrice du département de zoologie de l'Université de Western Australia. Elle dirige une équipe qui tente de découvrir comment les animaux simples reconstituent leurs fibres nerveuses. Leur objectif est de trouver le moyen de soigner les humains dont le système nerveux a été endommagé.

Certains nerfs de notre corps, dont ceux de nos doigts et de nos mains, repoussent quand ils ont été coupés. Cela n'est malheureusement pas le cas pour ceux de notre système nerveux central. Ceux-ci essaient de repousser pendant quelques jours, puis ils s'arrêtent, sans que personne ne sache trop dire pourquoi. Le Dr Bealsley et son équipe étudient le phénomène sur des animaux dans l'espoir de percer ce mystère.

Les lézards furent parmi les premiers animaux sélectionnés pour l'étude de la régénération. Si le nerf optique du lézard est écrasé, les fibres du nerf repousseront du cerveau à l'œil en moins de six mois. Mais cette repousse n'est pas toujours parfaite : il arrive que les nerfs poussent au mauvais endroit du cerveau. Le lézard a donc la capacité de faire repousser ses nerfs, mais pas toujours au bon emplacement. Ceci a amené le Dr Bealsley à s'intéresser à un autre animal, encore plus simple que le lézard : la grenouille.

Les fibres nerveuses des grenouilles, elles, repoussent au bon endroit du cerveau, mais il leur faut pour cela beaucoup plus de temps qu'aux lézards. Peu satisfaite de ce facteur temps, le Dr Bealsley se mit en quête

---

1. Anne LeBold, *What Stimulates Limb Regeneration ? Research*, été 1995.

d'un autre animal dont les fibres nerveuses repousseraient vite et bien. Après quelques recherches, c'est le poisson rouge qui s'avéra le plus intéressant.

Si l'on écrase le nerf optique d'un poisson rouge, des centaines de milliers de cellules se mettent immédiatement à reconstruire le chemin entre l'œil atteint et le cerveau. Résultat : en un mois, le poisson rouge aura retrouvé une vision parfaite. Ce petit poisson possède les bonnes molécules pour dupliquer les cellules nerveuses, ainsi que tous les indicateurs chimiques pour diriger la croissance nerveuse à l'endroit approprié du cerveau.

Si le Dr Bealsley et son équipe n'ont pas encore trouvé exactement comment ces molécules et ces guides chimiques fonctionnent, ils espèrent bien pouvoir un jour appliquer le fruit de leurs découvertes au système nerveux humain.

Une autre créature défiant l'imagination est la planaire, un ver plat de deux à quatre centimètres de long qui vit aussi bien en mer que dans les lacs ou même les sols humides. Il est lui aussi très populaire pour les expériences en laboratoire ou en cours de biologie, car sa tête a la capacité de repousser après avoir été coupée.

Si d'aventure les vampires sont comme les planaires, la décapitation ne suffira donc pas à les tuer : il faudra entièrement les brûler pour y parvenir.

Certaines planaires, aussi appelées vers plats, ont un mode de reproduction tout à fait unique. La planaire peut encore s'étirer jusqu'à ce que son corps se sépare en deux parties. La partie comportant la tête verra le bas du corps repousser, et la partie du bas du corps verra une tête repousser. Il est intéressant de noter que les planaires et les humains sont très éloignés sur l'échelle de l'évolution. Pourtant, la distance biologique n'est peut-être pas ce que l'on pourrait croire.

Selon le Dr Sanchez Alvarado, chercheur à l'université d'Utah Health Science Center, on retrouve chez les humains pas moins de 70 % des gènes des planaires[1]. En étudiant les planaires, Alvarado espère lui aussi découvrir le processus qui se cache derrière la régénération, et pouvoir ensuite l'appliquer aux humains.

Les planaires font partie des quelques métazoaires – c'est-à-dire des animaux multicellulaires – capables de régénération, ainsi que la salamandre, par exemple.

0,09 millimètre du tissu d'une planaire suffit à lui permettre de se régénérer intégralement. C'est un peu comme si une personne perdait un doigt dans un accident, et que ce doigt à lui tout seul pouvait dupliquer l'intégralité du corps de la victime !

Les scientifiques pensent que le secret de la régénération de la planaire réside dans le grand nombre de cellules appelées néoblastes que celui-ci possède. Les néoblastes transforment à volonté les cellules pour ce dont la planaire a besoin. Cela peut être des neurones aussi bien que des cellules musculaires : c'est selon le besoin du moment. Les experts ignorent encore combien de néoblastes sont requis pour recréer un ver entier. Le Dr Alvarado pense qu'un seul pourrait suffire. Selon lui, les planaires sont « en principe immortelles[2] ».

Tout cela vous semble peut-être vaguement familier. On a en effet beaucoup entendu parler des néoblastes ces dernières années. Pour nous autres humains, on les appelle plus souvent cellules souches.

En gros, on peut donc dire qu'il existe déjà des méthodes contre le vieillissement, voire d'immortalité dans la nature. Si un vampire est déjà mort en tant qu'humain,

---

1. *The Mystery of Regeneration*, Phil Sahm, *Health Sciences Report*, été 2003, University of Utah Health Sciences Center, page 1.
2. Ibid. p. 2.

il est alors concevable qu'il puisse cesser de vieillir ou même atteindre l'immortalité.

Mais serait-il vraiment drôle de vivre éternellement ? Si votre temps sur Terre n'était plus compté, ne perdriez-vous pas tout désir d'action ? Pour ceux qui remettent toujours tout à plus tard, avoir l'éternité pour faire quelque chose risquerait de les réduire à de grosses chiffes molles pendant des siècles.

D'un autre côté, si vous aimez peindre ou écrire, avoir la vie éternelle vous permettrait d'améliorer votre talent jusqu'à devenir un peintre hors du commun ou un écrivain accompli. (En ce qui me concerne, il est clair que je ne vis pas dans l'éternité, sans quoi je serais en train de démêler les quarante mille pages de mes soixante romans mélangés, plutôt que de finir ce livre sur la saga écrite par Stephenie Meyer.)

Mais malgré votre amour des arts, ou toute autre passion pour quelque chose de particulier, comme jouer du violon, par exemple, avoir l'éternité pour s'y consacrer s'avérera probablement ennuyeux à la longue. Tout devient monotone et fastidieux au bout de mille ans. Qui voudrait écrire des poèmes d'amour pendant mille ans ou plus ? Vous aimez jardiner, mais seriez-vous prête à rempoter des zinnias pendant sept cents ans ?

J'ai abordé le sujet de l'immortalité au début de ce livre. Vivre éternellement avec la même personne pourrait aussi vous rendre dingue. Les gens changent avec le temps, même les vampires, qui furent autrefois de vraies personnes. Une femme follement amoureuse de son mari peut tout à fait le mépriser dix ans plus tard. Un homme qui adore sa femme peut se lasser d'entendre toujours les mêmes blagues, et des habitudes du quotidien. Les amis s'éloignent souvent après quelques mois ou quelques années, tout comme les frères et les sœurs.

Les gens changent. Alors, se retrouver coincée avec le même mari vampire pour des centaines, des milliers ou des millions d'années pourrait bien se révéler être une très, très mauvaise idée !

Si votre vampire d'homme se trouve être l'exception sur un milliard, et que vous vous adorez depuis des millénaires, bravo, vous avez eu une chance d'enfer. Mais que se passerait-il si un tueur de vampires passait par là et déchiquetait votre bonhomme avant de le réduire en cendres ? Si vous étiez vraiment dans l'état d'esprit « je suis la femme d'un seul homme », ou « mon Edward et moi sommes de pures âmes sœurs », eh bien il vous resterait littéralement l'éternité pour vous morfondre seule. Sans votre chère moitié, l'immortalité vous plongerait alors dans de tels abysses de solitude que vous pourriez être tentée de vous mettre en pièces vous-même et de brûler vos tristes restes…

CHAPITRE 17

TÉLÉPATHIE ET PRÉCOGNITION

Comme tous les vampires, ceux de la saga *Fascination* possèdent des pouvoirs extraordinaires. Non content d'avoir la force la force de Superman, Edward court aussi à une telle vitesse que Bella le voit à peine passer, et son endurance est phénoménale. Il semble que rien ne puisse fatiguer Edward et les membres de la famille Cullen.

Pour autant, les vampires possèdent des caractéristiques encore plus incroyables qu'une force surhumaine ou une célérité d'avion supersonique. Ils peuvent aussi lire dans les esprits et projeter leurs propres pensées chez autrui. Certains parviennent même à prédire l'avenir.

Edward peut lire les pensées des autres, sauf celles de Bella, qui semble être immunisée contre ses détecteurs. Il réussit à capter les pensées dans un rayon de plusieurs kilomètres autour de l'endroit où il se trouve. Il a aussi la capacité de projeter ses pensées dans l'esprit de Bella, ce qu'il fait fréquemment pour l'éloigner du danger et lui donner des conseils.

Imaginez un peu ce que cela doit être de pouvoir lire les pensées des gens sur plusieurs kilomètres à la ronde.

Il faut pouvoir interrompre ce flux de pensées, sans quoi l'on doit rapidement se retrouver avec le cerveau surchargé des pensées des autres, comme un gigantesque embouteillage sur une autoroute. La densité du trafic mental serait insupportable en permanence, au point que l'on ne pourrait même plus se concentrer pour entendre les pensées d'une personne en particulier. Pour peu que cette personne se trouve à trois kilomètres de vous, vous ne sauriez même pas où elle est, et il vous deviendrait impossible de faire le tri pour retrouver la personne que vous voulez écouter. Bien sûr, si vous êtes comme Edward, votre odorat hyper-développé vous aidera à localiser cette personne pour focaliser ensuite sur son esprit et vous mettre à son écoute. Mais cela implique que vous soyez aussi capable de filtrer les odeurs de milliers de personnes, et cela juste pour pouvoir écouter la personne de votre choix.

Bella a de la chance qu'Edward ne puisse lire dans ses pensées. Ce serait terrible d'être avec un garçon qui lit constamment dans votre esprit. Plus de vie privée ! De plus, il pourrait mal interpréter toutes sortes de pensées fugaces qui n'ont pas vraiment de sens pour vous.

À côté de ça, Edward a donc la possibilité d'envoyer ses propres pensées à Bella. Quand elle a des problèmes et que sa vie est en péril, il vient souvent à sa rescousse en lui expliquant quoi faire et où aller, par projection mentale. Il n'utilise pas l'hypnose, fait pourtant courant dans d'autres histoires de vampires.

La télépathie est au cœur de nombreuses histoires fantastiques et de science-fiction, et beaucoup de gens se demandent ce que pourrait donner l'expérience de lire dans les pensées de leur entourage. C'est l'un des aspects d'un champ d'étude beaucoup plus vaste, qu'on appelle la parapsychologie.

Il existe beaucoup d'études parapsychologiques qui s'intéressent à la télépathie et aux perceptions extrasensorielles. D'autres sortes de phénomènes parapsychologiques incluent des expériences comme le fait de faire bouger ou éclater des objets par la force de l'esprit, ce que l'on appelle la psychokinésie. Certains appellent l'étude de ces phénomènes la psionique.

Jasper Hale possède une forme de pouvoir psychique différente de la télépathie d'Edward : il est non seulement capable de ressentir les émotions des autres, mais les manipuler. Ceci porte le nom de clairsentence, une forme de perception extrasensorielle qui permet à quelqu'un de ressentir clairement ce qu'éprouvent les autres.

Les scientifiques ont tendance à cataloguer la télépathie et ces autres phénomènes comme des pseudosciences, dans la mesure où rien ne vient prouver qu'ils aient vraiment eu lieu. Malgré des études scientifiques répétées, on n'a pas encore pu démontrer scientifiquement la capacité d'un individu à lire dans les pensées d'autrui.

Néanmoins, toutes les cultures ont rapporté la survenue d'incidents dus à des phénomènes psychiques au cours de l'histoire. Dans le monde entier, des scientifiques et des hommes d'influence ont cru à la télépathie et aux autres pouvoirs psychiques.

Quand la révolution scientifique commença, au début du XIXe siècle, on parlait de « philosophes de la nature », avant de leur donner le nom de scientifiques en 1834. Nombre de ces philosophes de la nature, y compris Isaac Newton, croyaient en l'alchimie ainsi qu'en d'autres formes de magie.

À une époque où le vampirisme était tenu pour vrai par de nombreuses personnes, il était donc logique que les vampires possèdent des pouvoirs extrasensoriels.

Mais la télépathie n'était pas spécialement en vogue : c'était plutôt leur capacité à hypnotiser les humains, et à leur faire faire ce qu'ils désiraient.

Après la révolution scientifique, pendant la période dite des Lumières, les légendes et la stricte adhésion aux simples lois dictées par la tradition s'essoufflèrent rapidement. Cela ne signifie pas pour autant que les légendes et les traditions disparurent, mais plutôt que les gens se mirent à voir les choses de façon plus logique et plus rationnelle. Par exemple, les personnes soi-disant éclairées concevaient le monde comme un système mécanique et déterministe, c'est-à-dire qu'elles pensaient que notre environnement pouvait être exploré, étudié et analysé jusqu'à ce que nous en comprenions le fonctionnement. Les « éclairés » disaient que les phénomènes psychiques n'étaient que pure imagination, et totalement irrationnels.

Probablement ces personnes ne croyaient-elles d'ailleurs pas aux vampires, par exemple. Elles pouvaient admettre que l'on meure pour des causes alors inconnues, mais sans preuve à l'appui, on ne leur aurait certainement pas fait avaler une histoire de mort-vivant.

L'hypnose fut aussi connue sous le terme de mesmérisme, en l'honneur de Franz Anton Mesmer, un médecin viennois adepte des théories des Lumières, né en 1734 et mort en 1815. Du temps de Mesmer, les scientifiques ignoraient ce qu'était vraiment l'électricité, et donc le magnétisme : les deux étaient considérés comme des sortes de fluides. C'est alors que Mesmer arriva, persuadé d'avoir trouvé un autre fluide invisible, qu'il appela le magnétisme animal.

Le magnétisme animal de Mesmer n'avait rien à voir avec les sujets proches du surnaturel, comme les vampires, la télépathie et les pouvoirs psychiques. Mais il avait la conviction que son magnétisme animal pouvait soigner et aider les gens à faire des choses qu'ils ne feraient pas d'ordinaire. Je vous ai donné quelques indices sur ce qu'est le magnétisme animal ; pouvez-vous deviner la suite ?

Indice 1 : L'hypnose s'appelait autrefois le mesmérisme.

Indice 2 : Le magnétisme animal pouvait soigner et aider les gens à faire des choses qu'ils ne feraient pas d'ordinaire.

Indice 3 : Le magnétisme animal n'avait rien à voir avec les sujets proches du surnaturel, comme les vampires, la télépathie et les pouvoirs psychiques.

En bref, le magnétisme animal n'était qu'une autre façon de nommer le mesmérisme. Et bien sûr, le mesmérisme, c'était l'hypnose.

Franz Mesmer, médecin et scientifique des Lumières, développa les techniques de l'hypnose telles qu'elles sont utilisées aujourd'hui encore par les praticiens de cette branche. Il est intéressant de noter qu'il croyait que sous hypnose, les gens avaient des capacités médiumniques, comme la clairvoyance.

Les médiums sont capables d'hypnotiser, de lire les esprits, de projeter leurs pensées dans celles des autres, et de voir l'avenir. Nous retrouvons tous ces attributs chez les vampires de *Fascination*.

Quelle que fut la notoriété de Franz Mesmer, il ne fallut pas longtemps aux autres scientifiques pour démentir ses découvertes. En France, en 1784, la Société Royale de Médecine ainsi que l'Académie des sciences se lancèrent dans une vaste étude sur le mesmérisme. Les deux études conclurent que rien ne prouvait son fonctionnement, qui n'était qu'un phénomène psychique de piètre importance.

La croyance au mesmérisme déclina jusqu'en 1850 environ, mais l'émergence du mouvement spiritualiste à cette période lui donna un regain de notoriété. Les personnes qui se faisaient alors hypnotiser racontaient les choses incroyables qu'elles avaient faites sous cette transe. La cote de popularité des médiums spiritualistes grandit à travers l'Europe, au point que de nombreuses personnes se mirent à faire appel à eux pour les aider à contacter leurs familles ou amis disparus.

DANIEL DUNGLAS HOME, CÉLÈBRE MÉDIUM SPIRITUALISTE

Daniel Dunglas Home est l'un des médiums spiritualistes les plus célèbres de tout le XIXe siècle. Né en 1833 à Édimbourg, en Écosse, il s'installe en Amérique en 1842. Alors qu'il était adolescent, Home prétendait être capable de déplacer des objets par la seule force de son esprit. S'il voulait qu'une chaise passe du salon à la cuisine, la chaise lui obéissait.

Dans notre monde actuel, un adolescent comme Home serait placé en institut spécialisé. D'ailleurs, il fut renvoyé de son école pour « démonstration d'activité de poltergeist » à ses camarades de classe. Pourtant, beaucoup de gens étaient très ouverts à l'étrange et à l'inconnu à cette époque. Le pasteur de Home l'encouragea à entretenir sa capacité à déplacer les objets par l'esprit... ainsi qu'à utiliser son don pour aider les autres personnes de sa communauté.

Home commença donc à se donner en spectacle. Lors

de ces séances, auxquelles on se bousculait, on pouvait voir des meubles voler, un accordéon mis sous clé dans une vitrine se mettre à jouer sans que personne n'y touche, et l'on entendait des bruits sourds de coups frappés, dont la seule explication possible ne pouvait être que l'intervention d'esprits.

Plus tard, alors qu'il était âgé de 21 ans, Home lévita pendant une de ses séances. Il était non seulement capable de soulever des meubles par la force de son esprit, mais il parvenait maintenant à se soulever lui-même rien qu'en se concentrant. Daniel Dunglas Home devint alors un médium spiritualiste des plus connus. Trois ans plus tard, il était en tournée en Europe et en Russie pour démontrer ses incroyables talents au plus grand nombre.

Bien sûr, nombreux furent ceux à affirmer que Home était un imposteur. Mais personne ne put jamais expliquer comment il soulevait et déplaçait des meubles, faisait jouer des accordéons mis sous clé, ou s'élevait lui-même dans les airs. Puisque nul ne parvenait à démonter les numéros qu'il mettait en scène, ses capacités médiumniques furent considérées comme réelles par le plus grand nombre.

Si la science prospérait au XIXe siècle, les personnes très religieuses continuaient néanmoins à s'accrocher à leurs croyances. Si le surnaturel devait exister : la télépathie, l'hypnotisme, les vampires… pourquoi Dieu, Satan ou les anges n'existeraient pas eux aussi ?

Il y eut une période pendant laquelle la science se fondit un peu avec le surnaturel. En 1882, la Society for Psychical Research (SPR) fut créée à Londres. Ce fut un tel succès qu'en 1887, son conseil comportait huit membres de la British Royal Society. La SPR publiait un rapport annuel sur ses recherches en médiumnité qui était si populaire qu'une SPR américaine fut à son tour créée, suivie de peu par d'autres sociétés du même type en Europe.

La plus grande partie de ces recherches consistait en des tests sur les capacités des médiums spiritualistes, ou d'autres personnes convaincues de posséder des talents médiumniques. On utilisait aussi souvent des cartes et des dés, mais dans l'ensemble, la communauté scientifique n'accordait guère de crédit aux résultats des expériences du SPR.

En 1927, J. B. Rhine et quelques-uns de ses collaborateurs de l'université de Duke utilisèrent les cartes ESP[1] mises au point par Karl Zener pour exécuter une série d'expérimentations psychiques. Les techniques de Rhine étaient bien plus sophistiquées et contrôlées que celles de la SPR. Il fit appel aux statistiques pour mesurer ses résultats, et inclut des personnes ordinaires à son expérience. Son ouvrage de 1934, *Extra Sensory Perception*, fit entrer les termes de perception extrasensorielle et de prémonition dans le langage courant. Son livre suivant, en 1937, *New Frontiers of the Mind*, fut d'une grande influence, et contribua avec l'ouvrage précédent à donner ses lettres de noblesse à l'étude de la télépathie et des autres formes de prémonition, voire de précognition. L'université de Duke créa le premier laboratoire universitaire sérieux et permanent dédié aux expériences parapsychologiques. Ce laboratoire prit plus tard le nom de Rhine Research Center. De plus, Rhine et ses comparses créèrent en 1937 le *Journal of Parapsychology*, qui est encore publié de nos jours.

---

1. ESP : *Extra Sensory Perception*, perception extra-sensorielle (N.d.T).

Pendant les années 1970 et 1980, le gouvernement des États-Unis autorisa et rémunéra plusieurs enquêtes autour des perceptions extrasensorielles. Le projet Star Gate, par exemple, utilisait le don de « vue à distance », où le médium peut voir une scène se déroulant à des centaines de kilomètres. Mais à ce jour, aucun de ces projets n'a rendu de conclusions probantes sur les pouvoirs des perceptions extrasensorielles.

Pour celles d'entre vous qui croient aux pouvoirs paranormaux comme la télépathie, et qui pensent que les gens normaux aussi bien que les vampires peuvent avoir ces capacités, je dois mentionner que quelques études confirmant cette hypothèse ont été réalisées. Ainsi, à l'université de Californie/Davis, le professeur de statistiques Jessica Utts affirme que ses études prouvent l'existence des pouvoirs médiumniques. Sur le site internet de sa faculté[1], vous trouverez une liste de labos et d'articles sur des recherches en parapsychologie.

Pour ce qui est de voir l'avenir – ou précognition –, c'est un pouvoir que possède Alice Cullen, mais qui a ses limites. Elle connaît le dénouement de ce qui va arriver, mais sans forcément en connaître le pourquoi et le comment. Lorsque des loups-garous sont impliqués, la capacité d'Alice à voir le futur diminue et s'embrouille.

Pendant des siècles, des gens du monde entier ont cru dans des pouvoirs psychiques qui donnaient, entre autres, la faculté de voir l'avenir. Une très ancienne histoire à ce sujet remonte à l'Iliade et à l'Odyssée. Apollon donne à Cassandre le don de prophétie, mais il lui retire celui de la persuasion, de telle sorte que personne ne la croit jamais quand elle énonce ce qu'elle voit. Elle savait, par

---

1. http://anson.ucdavis.edu/~utts/

exemple, que les Grecs allaient s'emparer de la ville de Troie, mais son père Priam, roi de Troie, refusa d'entendre cet avertissement.

Bien plus tard, à la fin du XIXe et au début du XXe siècle, de nombreux romans mirent en scène des femmes en danger qui parvinrent à éviter la mort grâce à leurs dons de médium. Les thrillers évoquaient alors souvent des races perdues ou des tribus aux pouvoirs psychiques étonnants. Il en est ainsi dans *Elle, ou la source de feu*, de H. Rider Haggard (1887), dans *Thyra – of the Polar Pit*, de Robert Ames Bennett (1900), ou encore dans *Eric of the Strong Heart*, de Victor Rousseau (1914). En 1930, *Les derniers et les premiers*, d'Olaf Stapledon, suggère que lors des prochains milliards d'années, les hommes évolueront en développant d'immenses pouvoirs psychiques. Les histoires de télépathie et de précognition étaient un thème central dans les magazines et les œuvres de science-fiction des années 1930 et 1940.

Les idées selon lesquelles Edward pourrait lire dans les esprits et Alice voir l'avenir ne datent donc pas d'hier. Néanmoins, le fait qu'Edward ne puisse pas avoir accès aux pensées de Bella reste un ressort créatif et intéressant dans l'œuvre de Stephenie Meyer.

CHAPITRE 18

Quiz du cœur : Edward est-il fait pour vous ?

Presque toutes les lectrices de la saga *Fascination* nourrissent l'espoir qu'il y ait un garçon comme Edward Cullen dans leur cours de biologie. Mais seriez-vous compatible avec Edward, ou avec quelqu'un comme lui ? Ce chapitre vous aidera à découvrir si l'Edward de votre vie est vraiment votre seul et véritable amour.

Tout d'abord, je pars du principe que vous êtes une fille. (Si ce n'est pas le cas, faites comme si vous l'étiez, le temps de ce questionnaire.) Je présume également que vous êtes une adolescente, chose que vous pouvez confirmer en inscrivant votre âge ici : ....

Ensuite, il faudra que vous soyez très honnête, et que vous vous décriviez en vous basant sur la liste des énoncés et le rang que vous leur donnez. Par exemple, si le premier énoncé est : « Je suis une idiote », et que vous savez que vous êtes intelligente, vous répondrez : « Pas du tout caractéristique de ma personnalité. » Mais si vous collectionnez les zéros en classe et que tout ce qu'il faut apprendre vous pose problème, vous pourriez répondre :

« Moyennement caractéristique de ma personnalité. » Si c'est un qualificatif qui est énoncé, comme : « Douce et attentionnée », et que vous aimeriez être ainsi mais savez très bien qu'au fond vous ne pensez qu'à vous (et que vous frappez votre chien et mettez le feu à la queue du chat à la première occasion), vous devrez répondre : « Pas du tout caractéristique de ma personnalité » (et aller directement vous faire soigner !). Par contre, s'il vous arrive parfois d'être douce et attentionnée, mais que vous faites souvent des choses (exprès ou non) qui blessent les gens, il sera approprié de répondre : « Moyennement caractéristique de ma personnalité. »

Alors affûtez vos crayons, et c'est parti !

Énoncé 1 : Je suis douce et attentionnée.

- Pas du tout caractéristique de ma personnalité
- Parfois caractéristique de ma personnalité
- Moyennement caractéristique de ma personnalité
- Bien caractéristique de ma personnalité
- Tout à fait caractéristique de ma personnalité

Énoncé 2 : Je critique beaucoup les gens, et je tire souvent des conclusions sur eux qui ne sont pas forcément justes ou précises.

- Pas du tout caractéristique de ma personnalité
- Parfois caractéristique de ma personnalité
- Moyennement caractéristique de ma personnalité
- Bien caractéristique de ma personnalité
- Tout à fait caractéristique de ma personnalité

Énoncé 3 : Je suis une personne patiente.

- Pas du tout caractéristique de ma personnalité

- Parfois caractéristique de ma personnalité
- Moyennement caractéristique de ma personnalité
- Bien caractéristique de ma personnalité
- Tout à fait caractéristique de ma personnalité

Énoncé 4 : Quand je ne suis pas d'accord avec quelqu'un, je ne dis rien jusqu'à ce que j'aie eu le temps de réfléchir à ma réponse.

- Pas du tout caractéristique de ma personnalité
- Parfois caractéristique de ma personnalité
- Moyennement caractéristique de ma personnalité
- Bien caractéristique de ma personnalité
- Tout à fait caractéristique de ma personnalité

Énoncé 5 : J'ai tendance à pleurnicher et à trop me plaindre. Ce n'est pas mon intention, mais parfois les gens pensent que je me plains alors que ce n'est pas le cas.

- Pas du tout caractéristique de ma personnalité
- Parfois caractéristique de ma personnalité
- Moyennement caractéristique de ma personnalité
- Bien caractéristique de ma personnalité
- Tout à fait caractéristique de ma personnalité

Énoncé 6 : Je me sens parfois très heureuse, mais mon humeur peut redescendre d'un coup, et je me sens alors très déprimée.

- Pas du tout caractéristique de ma personnalité
- Parfois caractéristique de ma personnalité
- Moyennement caractéristique de ma personnalité
- Bien caractéristique de ma personnalité
- Tout à fait caractéristique de ma personnalité

Énoncé 7 : Je dis toujours aux gens exactement ce que je pense d'eux.

- Pas du tout caractéristique de ma personnalité
- Parfois caractéristique de ma personnalité
- Moyennement caractéristique de ma personnalité
- Bien caractéristique de ma personnalité
- Tout à fait caractéristique de ma personnalité

Énoncé 8 : Je crois que chacun a le droit d'être soi-même, d'être unique, d'agir différemment des autres et d'avoir ses propres opinions. Je sais que mes amis ont des défauts, mais je les prends tels qu'ils sont, et lorsqu'ils se plaignent trop, j'ai tendance à fermer les yeux sur leur comportement. Je pense que je suis parfois trop tolérante envers les défauts des autres.

- Pas du tout caractéristique de ma personnalité
- Parfois caractéristique de ma personnalité
- Moyennement caractéristique de ma personnalité
- Bien caractéristique de ma personnalité
- Tout à fait caractéristique de ma personnalité

Énoncé 9 : Très souvent, il m'est difficile de savoir quoi dire aux gens.

- Pas du tout caractéristique de ma personnalité
- Parfois caractéristique de ma personnalité
- Moyennement caractéristique de ma personnalité
- Bien caractéristique de ma personnalité
- Tout à fait caractéristique de ma personnalité

Énoncé 10 : Je raconte pas mal de blagues, et en général, les gens qui sont avec moi passent un bon moment de rigolade.

- Pas du tout caractéristique de ma personnalité

- Parfois caractéristique de ma personnalité
- Moyennement caractéristique de ma personnalité
- Bien caractéristique de ma personnalité
- Tout à fait caractéristique de ma personnalité

Énoncé 11 : Mes amis font souvent ce que je leur demande. J'ai tendance à dominer les autres et à tout faire à ma façon. J'ai une âme de chef.

- Pas du tout caractéristique de ma personnalité
- Parfois caractéristique de ma personnalité
- Moyennement caractéristique de ma personnalité
- Bien caractéristique de ma personnalité
- Tout à fait caractéristique de ma personnalité

Énoncé 12 : Je suis une personne aimante et affectueuse.

- Pas du tout caractéristique de ma personnalité
- Parfois caractéristique de ma personnalité
- Moyennement caractéristique de ma personnalité
- Bien caractéristique de ma personnalité
- Tout à fait caractéristique de ma personnalité

Énoncé 13 : Je n'ai presque jamais de problème pour dire ce que je pense.

- Pas du tout caractéristique de ma personnalité
- Parfois caractéristique de ma personnalité
- Moyennement caractéristique de ma personnalité
- Bien caractéristique de ma personnalité
- Tout à fait caractéristique de ma personnalité

Énoncé 14 : Je suis sportive et j'essaie de garder la forme.

- Pas du tout caractéristique de ma personnalité

- Parfois caractéristique de ma personnalité
- Moyennement caractéristique de ma personnalité
- Bien caractéristique de ma personnalité
- Tout à fait caractéristique de ma personnalité

Énoncé 15 : Quand j'ai quelque chose à dire, je le dis tout de suite, sans hésiter.

- Pas du tout caractéristique de ma personnalité
- Parfois caractéristique de ma personnalité
- Moyennement caractéristique de ma personnalité
- Bien caractéristique de ma personnalité
- Tout à fait caractéristique de ma personnalité

Énoncé 16 : J'ai du mal à faire comprendre aux autres ce que je veux dire. Il m'est difficile de m'exprimer.

- Pas du tout caractéristique de ma personnalité
- Parfois caractéristique de ma personnalité
- Moyennement caractéristique de ma personnalité
- Bien caractéristique de ma personnalité
- Tout à fait caractéristique de ma personnalité

Énoncé 17 : Quand l'émotion monte dans une discussion et que les gens ne sont pas d'accord, j'ai du mal à défendre mes opinions.

- Pas du tout caractéristique de ma personnalité
- Parfois caractéristique de ma personnalité
- Moyennement caractéristique de ma personnalité
- Bien caractéristique de ma personnalité
- Tout à fait caractéristique de ma personnalité

Énoncé 18 : Je fais ce que je veux quand je veux.

- Pas du tout caractéristique de ma personnalité
- Parfois caractéristique de ma personnalité

- Moyennement caractéristique de ma personnalité
- Bien caractéristique de ma personnalité
- Tout à fait caractéristique de ma personnalité

Énoncé 19 : Personne n'a à me dire ce que je dois faire.

- Pas du tout caractéristique de ma personnalité
- Parfois caractéristique de ma personnalité
- Moyennement caractéristique de ma personnalité
- Bien caractéristique de ma personnalité
- Tout à fait caractéristique de ma personnalité

Énoncé 20 : Je m'accommode de ce que les autres veulent faire, sans que cela ne me dérange trop.

- Pas du tout caractéristique de ma personnalité
- Parfois caractéristique de ma personnalité
- Moyennement caractéristique de ma personnalité
- Bien caractéristique de ma personnalité
- Tout à fait caractéristique de ma personnalité

Énoncé 21 : Je suis colérique.

- Pas du tout caractéristique de ma personnalité
- Parfois caractéristique de ma personnalité
- Moyennement caractéristique de ma personnalité
- Bien caractéristique de ma personnalité
- Tout à fait caractéristique de ma personnalité

Énoncé 22 : Je suis tolérante.

- Pas du tout caractéristique de ma personnalité
- Parfois caractéristique de ma personnalité
- Moyennement caractéristique de ma personnalité
- Bien caractéristique de ma personnalité
- Tout à fait caractéristique de ma personnalité

Énoncé 23 : Je suis intelligente.

- Pas du tout caractéristique de ma personnalité
- Parfois caractéristique de ma personnalité
- Moyennement caractéristique de ma personnalité
- Bien caractéristique de ma personnalité
- Tout à fait caractéristique de ma personnalité

Énoncé 24 : Je suis créative.

- Pas du tout caractéristique de ma personnalité
- Parfois caractéristique de ma personnalité
- Moyennement caractéristique de ma personnalité
- Bien caractéristique de ma personnalité
- Tout à fait caractéristique de ma personnalité

Énoncé 25 : Je suis belle physiquement.

- Pas du tout caractéristique de ma personnalité
- Parfois caractéristique de ma personnalité
- Moyennement caractéristique de ma personnalité
- Bien caractéristique de ma personnalité
- Tout à fait caractéristique de ma personnalité

Énoncé 26 : Je suis paresseuse.

- Pas du tout caractéristique de ma personnalité
- Parfois caractéristique de ma personnalité
- Moyennement caractéristique de ma personnalité
- Bien caractéristique de ma personnalité
- Tout à fait caractéristique de ma personnalité

Énoncé 27 : Je travaille dur.

- Pas du tout caractéristique de ma personnalité
- Parfois caractéristique de ma personnalité
- Moyennement caractéristique de ma personnalité
- Bien caractéristique de ma personnalité
- Tout à fait caractéristique de ma personnalité

Énoncé 28 : Je suis très émotive.

- Pas du tout caractéristique de ma personnalité
- Parfois caractéristique de ma personnalité
- Moyennement caractéristique de ma personnalité
- Bien caractéristique de ma personnalité
- Tout à fait caractéristique de ma personnalité

Énoncé 29 : Je suis plutôt soumise.

- Pas du tout caractéristique de ma personnalité
- Parfois caractéristique de ma personnalité
- Moyennement caractéristique de ma personnalité
- Bien caractéristique de ma personnalité
- Tout à fait caractéristique de ma personnalité

Énoncé 30 : Je suis sympathique.

- Pas du tout caractéristique de ma personnalité
- Parfois caractéristique de ma personnalité
- Moyennement caractéristique de ma personnalité
- Bien caractéristique de ma personnalité
- Tout à fait caractéristique de ma personnalité

Énoncé 31 : La plupart des mes amis sont nerveux et s'inquiètent d'un rien.

- Pas du tout caractéristique de ma personnalité
- Parfois caractéristique de ma personnalité
- Moyennement caractéristique de ma personnalité
- Bien caractéristique de ma personnalité
- Tout à fait caractéristique de ma personnalité

Énoncé 32 : La plupart de mes amis sont des gens tolérants.

- Pas du tout caractéristique de ma personnalité
- Parfois caractéristique de ma personnalité

- Moyennement caractéristique de ma personnalité
- Bien caractéristique de ma personnalité
- Tout à fait caractéristique de ma personnalité

Énoncé 33 : La plupart de mes amis sont des gens intelligents.

- Pas du tout caractéristique de ma personnalité
- Parfois caractéristique de ma personnalité
- Moyennement caractéristique de ma personnalité
- Bien caractéristique de ma personnalité
- Tout à fait caractéristique de ma personnalité

Énoncé 34 : La plupart de mes amis sont des gens créatifs.

- Pas du tout caractéristique de ma personnalité
- Parfois caractéristique de ma personnalité
- Moyennement caractéristique de ma personnalité
- Bien caractéristique de ma personnalité
- Tout à fait caractéristique de ma personnalité

Énoncé 35 : La plupart de mes amis sont beaux physiquement.

- Pas du tout caractéristique de ma personnalité
- Parfois caractéristique de ma personnalité
- Moyennement caractéristique de ma personnalité
- Bien caractéristique de ma personnalité
- Tout à fait caractéristique de ma personnalité

Énoncé 36 : La plupart de mes amis sont des gens ennuyeux.

- Pas du tout caractéristique de ma personnalité
- Parfois caractéristique de ma personnalité
- Moyennement caractéristique de ma personnalité

- Bien caractéristique de ma personnalité
- Tout à fait caractéristique de ma personnalité

Énoncé 37 : La plupart de mes amis travaillent dur.

- Pas du tout caractéristique de ma personnalité
- Parfois caractéristique de ma personnalité
- Moyennement caractéristique de ma personnalité
- Bien caractéristique de ma personnalité
- Tout à fait caractéristique de ma personnalité

Énoncé 38 : La plupart de mes amis sont des gens très émotifs.

- Pas du tout caractéristique de ma personnalité
- Parfois caractéristique de ma personnalité
- Moyennement caractéristique de ma personnalité
- Bien caractéristique de ma personnalité
- Tout à fait caractéristique de ma personnalité

Énoncé 39 : La plupart de mes amis sont des personnes soumises.

- Pas du tout caractéristique de ma personnalité
- Parfois caractéristique de ma personnalité
- Moyennement caractéristique de ma personnalité
- Bien caractéristique de ma personnalité
- Tout à fait caractéristique de ma personnalité

Énoncé 40 : La plupart de mes amis sont des gens sociables et extravertis.

- Pas du tout caractéristique de ma personnalité
- Parfois caractéristique de ma personnalité
- Moyennement caractéristique de ma personnalité
- Bien caractéristique de ma personnalité
- Tout à fait caractéristique de ma personnalité

Énoncé 41 : Lorsque l'un de mes amis reçoit un compliment, je me sens aussi heureuse que s'il m'avait été adressé.

- Pas du tout caractéristique de ma personnalité
- Parfois caractéristique de ma personnalité
- Moyennement caractéristique de ma personnalité
- Bien caractéristique de ma personnalité
- Tout à fait caractéristique de ma personnalité

Énoncé 42 : Lorsque l'un de mes amis reçoit un compliment, je suis jalouse.

- Pas du tout caractéristique de ma personnalité
- Parfois caractéristique de ma personnalité
- Moyennement caractéristique de ma personnalité
- Bien caractéristique de ma personnalité
- Tout à fait caractéristique de ma personnalité

Énoncé 43 : Si l'un de mes amis se fait insulter, c'est comme si je me faisais insulter moi-même.

- Pas du tout caractéristique de ma personnalité
- Parfois caractéristique de ma personnalité
- Moyennement caractéristique de ma personnalité
- Bien caractéristique de ma personnalité
- Tout à fait caractéristique de ma personnalité

Énoncé 44 : Si l'un de mes amis se fait insulter, j'interviens pour le défendre.

- Pas du tout caractéristique de ma personnalité
- Parfois caractéristique de ma personnalité
- Moyennement caractéristique de ma personnalité
- Bien caractéristique de ma personnalité
- Tout à fait caractéristique de ma personnalité

Énoncé 45 : Si l'un de mes amis se fait insulter, je garde mes distances avec lui jusqu'à ce que les choses s'arrangent.

- Pas du tout caractéristique de ma personnalité
- Parfois caractéristique de ma personnalité
- Moyennement caractéristique de ma personnalité
- Bien caractéristique de ma personnalité
- Tout à fait caractéristique de ma personnalité

Énoncé 46 : Je suis sensible à l'opinion qu'ont les gens sur mes amis.

- Pas du tout caractéristique de ma personnalité
- Parfois caractéristique de ma personnalité
- Moyennement caractéristique de ma personnalité
- Bien caractéristique de ma personnalité
- Tout à fait caractéristique de ma personnalité

Énoncé 47 : Je sacrifierais ma vie pour sauver un ami ou un membre de ma famille.

- Pas du tout caractéristique de ma personnalité
- Parfois caractéristique de ma personnalité
- Moyennement caractéristique de ma personnalité
- Bien caractéristique de ma personnalité
- Tout à fait caractéristique de ma personnalité

Énoncé 48 : Je sacrifierais ma vie pour sauver un membre de ma famille mais pas un ami.

- Pas du tout caractéristique de ma personnalité
- Parfois caractéristique de ma personnalité
- Moyennement caractéristique de ma personnalité
- Bien caractéristique de ma personnalité
- Tout à fait caractéristique de ma personnalité

Énoncé 49 : Je sacrifierais ma vie si quelqu'un offrait un million de dollars à ma famille et à mes amis.

- Pas du tout caractéristique de ma personnalité
- Parfois caractéristique de ma personnalité
- Moyennement caractéristique de ma personnalité
- Bien caractéristique de ma personnalité
- Tout à fait caractéristique de ma personnalité

Énoncé 50 : Je crois à la revanche : œil pour œil, dent pour dent.

- Pas du tout caractéristique de ma personnalité
- Parfois caractéristique de ma personnalité
- Moyennement caractéristique de ma personnalité
- Bien caractéristique de ma personnalité
- Tout à fait caractéristique de ma personnalité

Énoncé 51 : Si quelqu'un agressait ou frappait l'un de mes amis, j'irais me battre pour lui, même si je ne suis pas très forte.

- Pas du tout caractéristique de ma personnalité
- Parfois caractéristique de ma personnalité
- Moyennement caractéristique de ma personnalité
- Bien caractéristique de ma personnalité
- Tout à fait caractéristique de ma personnalité

Énoncé 52 : Je respecte beaucoup les gens qui passent leur vie à aider les autres. J'aimerais moi aussi aider les autres autant que possible.

- Pas du tout caractéristique de ma personnalité
- Parfois caractéristique de ma personnalité
- Moyennement caractéristique de ma personnalité

- Bien caractéristique de ma personnalité
- Tout à fait caractéristique de ma personnalité

Énoncé 53 : Si je le pouvais, je ferais quelque chose pour empêcher tous les animaux d'être chassés ou blessés. Je crois que les animaux souffrent et qu'ils ont aussi des sentiments.

- Pas du tout caractéristique de ma personnalité
- Parfois caractéristique de ma personnalité
- Moyennement caractéristique de ma personnalité
- Bien caractéristique de ma personnalité
- Tout à fait caractéristique de ma personnalité

Énoncé 54 : Je trouve que tous les bébés sont mignons.

- Pas du tout caractéristique de ma personnalité
- Parfois caractéristique de ma personnalité
- Moyennement caractéristique de ma personnalité
- Bien caractéristique de ma personnalité
- Tout à fait caractéristique de ma personnalité

Énoncé 55 : Si l'on m'offre un cadeau qui ne me plaît pas ou qui n'est pas assez bien pour moi, je vais m'en moquer devant la personne qui me l'a offert.

- Pas du tout caractéristique de ma personnalité
- Parfois caractéristique de ma personnalité
- Moyennement caractéristique de ma personnalité
- Bien caractéristique de ma personnalité
- Tout à fait caractéristique de ma personnalité

COMPTAGE DES POINTS

Pour chaque énoncé, je vais vous indiquer un certain nombre de points, à cumuler selon chacune de vos réponses. Voici par exemple les points pour l'énoncé 1 :

Énoncé 1 : Je suis douce et attentionnée.

0 Pas du tout caractéristique de ma personnalité
0 Parfois caractéristique de ma personnalité
2 Moyennement caractéristique de ma personnalité
4 Bien caractéristique de ma personnalité
5 Tout à fait caractéristique de ma personnalité

Donc, si vous avez répondu « Tout à fait caractéristique de ma personnalité », comptez-vous 5 points. Si vous avez choisi « Moyennement caractéristique de ma personnalité », comptez-vous 2 points, et si c'est « Bien caractéristique de ma personnalité », 4 points. Bref, je suppose que vous avez compris !

Une fois que vous aurez additionné les points de tous les énoncés, je vous révélerai si vous êtes compatible avec un garçon comme Edward. Vous saurez alors si un mec de son genre craquerait pour vous. Si tel est le cas, regardez bien autour de vous au prochain cours de biologie, car Monsieur Parfait sera peut-être là, tout près de vous !

Bien, vous avez déjà les scores pour l'énoncé 1, nous pouvons donc passer aux suivants.

Énoncé 2 : Je critique beaucoup les gens, et je tire souvent des conclusions sur eux qui ne sont pas forcément justes ou précises.

5 Pas du tout caractéristique de ma personnalité
4 Parfois caractéristique de ma personnalité

4 Moyennement caractéristique de ma personnalité
2 Bien caractéristique de ma personnalité
0 Tout à fait caractéristique de ma personnalité

Énoncé 3 : Je suis une personne patiente.

0 Pas du tout caractéristique de ma personnalité
2 Parfois caractéristique de ma personnalité
4 Moyennement caractéristique de ma personnalité
4 Bien caractéristique de ma personnalité
5 Tout à fait caractéristique de ma personnalité

Énoncé 4 : Quand je ne suis pas d'accord avec quelqu'un, je ne dis rien jusqu'à ce que j'aie eu le temps de réfléchir à ma réponse.

5 Pas du tout caractéristique de ma personnalité
5 Parfois caractéristique de ma personnalité
5 Moyennement caractéristique de ma personnalité
3 Bien caractéristique de ma personnalité
3 Tout à fait caractéristique de ma personnalité

Énoncé 5 : J'ai tendance à pleurnicher et à trop me plaindre. Ce n'est pas mon intention, mais parfois les gens pensent que je me plains alors que je ne fais que signaler comment améliorer les choses.

5 Pas du tout caractéristique de ma personnalité
4 Parfois caractéristique de ma personnalité
2 Moyennement caractéristique de ma personnalité
0 Bien caractéristique de ma personnalité
0 Tout à fait caractéristique de ma personnalité

Énoncé 6 : Je me sens parfois très heureuse, mais mon humeur peut redescendre d'un coup et je me sens alors très déprimée.

5 Pas du tout caractéristique de ma personnalité

<u>4</u> Parfois caractéristique de ma personnalité
<u>2</u> Moyennement caractéristique de ma personnalité
<u>1</u> Bien caractéristique de ma personnalité
<u>0</u> Tout à fait caractéristique de ma personnalité

Énoncé 7 : Je dis toujours aux gens exactement ce que je pense d'eux.

<u>3</u> Pas du tout caractéristique de ma personnalité
<u>4</u> Parfois caractéristique de ma personnalité
<u>5</u> Moyennement caractéristique de ma personnalité
<u>1</u> Bien caractéristique de ma personnalité
<u>0</u> Tout à fait caractéristique de ma personnalité

Énoncé 8 : Je crois que chacun a le droit d'être soi-même, d'être unique, d'agir différemment des autres et d'avoir ses propres opinions. Je sais que mes amis ont des défauts, mais je les prends tels qu'ils sont, et lorsqu'ils se plaignent trop, j'ai tendance à fermer les yeux sur leur comportement. Je pense que je suis parfois trop tolérante envers les défauts des autres.

<u>0</u> Pas du tout caractéristique de ma personnalité
<u>1</u> Parfois caractéristique de ma personnalité
<u>3</u> Moyennement caractéristique de ma personnalité
<u>5</u> Bien caractéristique de ma personnalité
<u>5</u> Tout à fait caractéristique de ma personnalité

Énoncé 9 : Très souvent, il m'est difficile de savoir quoi dire aux gens.

<u>5</u> Pas du tout caractéristique de ma personnalité
<u>4</u> Parfois caractéristique de ma personnalité
<u>2</u> Moyennement caractéristique de ma personnalité
<u>0</u> Bien caractéristique de ma personnalité
<u>0</u> Tout à fait caractéristique de ma personnalité

Énoncé 10 : Je raconte pas mal de blagues, et en général, les gens qui sont avec moi passent un bon moment de rigolade.

<u>0</u> Pas du tout caractéristique de ma personnalité
<u>5</u> Parfois caractéristique de ma personnalité
<u>5</u> Moyennement caractéristique de ma personnalité
<u>5</u> Bien caractéristique de ma personnalité
<u>5</u> Tout à fait caractéristique de ma personnalité

Énoncé 11 : Mes amis font souvent ce que je leur demande. J'ai tendance à dominer les autres et à tout faire à ma façon. J'ai une âme de chef.

<u>3</u> Pas du tout caractéristique de ma personnalité
<u>5</u> Parfois caractéristique de ma personnalité
<u>5</u> Moyennement caractéristique de ma personnalité
<u>3</u> Bien caractéristique de ma personnalité
<u>0</u> Tout à fait caractéristique de ma personnalité

Énoncé 12 : Je suis une personne aimante et affec-tueuse.

<u>0</u> Pas du tout caractéristique de ma personnalité
<u>0</u> Parfois caractéristique de ma personnalité
<u>0</u> Moyennement caractéristique de ma personnalité
<u>5</u> Bien caractéristique de ma personnalité
<u>5</u> Tout à fait caractéristique de ma personnalité

Énoncé 13 : Je n'ai presque jamais de problème pour dire ce que je pense.

<u>0</u> Pas du tout caractéristique de ma personnalité
<u>5</u> Parfois caractéristique de ma personnalité
<u>5</u> Moyennement caractéristique de ma personnalité
<u>5</u> Bien caractéristique de ma personnalité
<u>5</u> Tout à fait caractéristique de ma personnalité

Énoncé 14 : Je suis sportive et j'essaie de garder la forme.

0   Pas du tout caractéristique de ma personnalité
3   Parfois caractéristique de ma personnalité
3   Moyennement caractéristique de ma personnalité
5   Bien caractéristique de ma personnalité
5   Tout à fait caractéristique de ma personnalité

Énoncé 15 : Quand j'ai quelque chose à dire, je le dis tout de suite, sans hésiter.

0   Pas du tout caractéristique de ma personnalité
5   Parfois caractéristique de ma personnalité
5   Moyennement caractéristique de ma personnalité
5   Bien caractéristique de ma personnalité
5   Tout à fait caractéristique de ma personnalité

Énoncé 16 : J'ai du mal à faire comprendre aux autres ce que je veux dire. Il m'est difficile de m'exprimer.

5   Pas du tout caractéristique de ma personnalité
4   Parfois caractéristique de ma personnalité
2   Moyennement caractéristique de ma personnalité
0   Bien caractéristique de ma personnalité
0   Tout à fait caractéristique de ma personnalité

Énoncé 17 : Quand l'émotion monte dans une discussion et que les gens ne sont pas d'accord, j'ai du mal à défendre mes opinions.

0   Pas du tout caractéristique de ma personnalité
4   Parfois caractéristique de ma personnalité
5   Moyennement caractéristique de ma personnalité
5   Bien caractéristique de ma personnalité
0   Tout à fait caractéristique de ma personnalité

Énoncé 18 : Je fais ce que je veux quand je veux.

0   Pas du tout caractéristique de ma personnalité

<u>5</u> Parfois caractéristique de ma personnalité
<u>5</u> Moyennement caractéristique de ma personnalité
<u>3</u> Bien caractéristique de ma personnalité
<u>0</u> Tout à fait caractéristique de ma personnalité

Énoncé 19 : Personne n'a à me dire ce que je dois faire.

<u>5</u> Pas du tout caractéristique de ma personnalité
<u>5</u> Parfois caractéristique de ma personnalité
<u>5</u> Moyennement caractéristique de ma personnalité
<u>0</u> Bien caractéristique de ma personnalité
<u>0</u> Tout à fait caractéristique de ma personnalité

Énoncé 20 : Je m'accommode de ce que les autres veulent faire, sans que cela ne me dérange trop.

<u>0</u> Pas du tout caractéristique de ma personnalité
<u>3</u> Parfois caractéristique de ma personnalité
<u>5</u> Moyennement caractéristique de ma personnalité
<u>3</u> Bien caractéristique de ma personnalité
<u>3</u> Tout à fait caractéristique de ma personnalité

Énoncé 21 : Je suis colérique.

<u>5</u> Pas du tout caractéristique de ma personnalité
<u>3</u> Parfois caractéristique de ma personnalité
<u>0</u> Moyennement caractéristique de ma personnalité
<u>0</u> Bien caractéristique de ma personnalité
<u>0</u> Tout à fait caractéristique de ma personnalité

Énoncé 22 : Je suis tolérante.

<u>0</u> Pas du tout caractéristique de ma personnalité
<u>0</u> Parfois caractéristique de ma personnalité
<u>3</u> Moyennement caractéristique de ma personnalité
<u>5</u> Bien caractéristique de ma personnalité
<u>5</u> Tout à fait caractéristique de ma personnalité

Énoncé 23 : Je suis intelligente.

0 Pas du tout caractéristique de ma personnalité
1 Parfois caractéristique de ma personnalité
5 Moyennement caractéristique de ma personnalité
5 Bien caractéristique de ma personnalité
5 Tout à fait caractéristique de ma personnalité

Énoncé 24 : Je suis créative.

0 Pas du tout caractéristique de ma personnalité
5 Parfois caractéristique de ma personnalité
5 Moyennement caractéristique de ma personnalité
5 Bien caractéristique de ma personnalité
5 Tout à fait caractéristique de ma personnalité

Énoncé 25 : Je suis belle physiquement.

2 Pas du tout caractéristique de ma personnalité
4 Parfois caractéristique de ma personnalité
5 Moyennement caractéristique de ma personnalité
5 Bien caractéristique de ma personnalité
5 Tout à fait caractéristique de ma personnalité

Énoncé 26 : Je suis paresseuse.

5 Pas du tout caractéristique de ma personnalité
5 Parfois caractéristique de ma personnalité
2 Moyennement caractéristique de ma personnalité
0 Bien caractéristique de ma personnalité
0 Tout à fait caractéristique de ma personnalité

Énoncé 27 : Je travaille dur.

0 Pas du tout caractéristique de ma personnalité
3 Parfois caractéristique de ma personnalité
4 Moyennement caractéristique de ma personnalité
5 Bien caractéristique de ma personnalité
5 Tout à fait caractéristique de ma personnalité

Énoncé 28 : Je suis très émotive.

0 Pas du tout caractéristique de ma personnalité
3 Parfois caractéristique de ma personnalité
4 Moyennement caractéristique de ma personnalité
3 Bien caractéristique de ma personnalité
0 Tout à fait caractéristique de ma personnalité

Énoncé 29 : Je suis plutôt soumise.

5 Pas du tout caractéristique de ma personnalité
5 Parfois caractéristique de ma personnalité
5 Moyennement caractéristique de ma personnalité
0 Bien caractéristique de ma personnalité
0 Tout à fait caractéristique de ma personnalité

Énoncé 30 : Je suis sympathique.

0 Pas du tout caractéristique de ma personnalité
3 Parfois caractéristique de ma personnalité
3 Moyennement caractéristique de ma personnalité
3 Bien caractéristique de ma personnalité
3 Tout à fait caractéristique de ma personnalité

Énoncé 31 : La plupart des mes amis sont nerveux et s'inquiètent d'un rien.

0 Pas du tout caractéristique de ma personnalité
2 Parfois caractéristique de ma personnalité
4 Moyennement caractéristique de ma personnalité
5 Bien caractéristique de ma personnalité
5 Tout à fait caractéristique de ma personnalité

Énoncé 32 : La plupart de mes amis sont des gens tolérants.

0 Pas du tout caractéristique de ma personnalité
0 Parfois caractéristique de ma personnalité

3 Moyennement caractéristique de ma personnalité
5 Bien caractéristique de ma personnalité
5 Tout à fait caractéristique de ma personnalité

Énoncé 33 : La plupart de mes amis sont des gens intelligents.

0 Pas du tout caractéristique de ma personnalité
1 Parfois caractéristique de ma personnalité
5 Moyennement caractéristique de ma personnalité
5 Bien caractéristique de ma personnalité
5 Tout à fait caractéristique de ma personnalité

Énoncé 34 : La plupart de mes amis sont des gens créatifs.

0 Pas du tout caractéristique de ma personnalité
5 Parfois caractéristique de ma personnalité
5 Moyennement caractéristique de ma personnalité
5 Bien caractéristique de ma personnalité
5 Tout à fait caractéristique de ma personnalité

Énoncé 35 : La plupart de mes amis sont beaux physiquement.

0 Pas du tout caractéristique de ma personnalité
3 Parfois caractéristique de ma personnalité
3 Moyennement caractéristique de ma personnalité
3 Bien caractéristique de ma personnalité
3 Tout à fait caractéristique de ma personnalité

Énoncé 36 : La plupart de mes amis sont des gens ennuyeux.

5 Pas du tout caractéristique de ma personnalité
4 Parfois caractéristique de ma personnalité
0 Moyennement caractéristique de ma personnalité

<u>0</u> Bien caractéristique de ma personnalité
<u>0</u> Tout à fait caractéristique de ma personnalité

Énoncé 37 : La plupart de mes amis travaillent dur.

<u>0</u> Pas du tout caractéristique de ma personnalité
<u>3</u> Parfois caractéristique de ma personnalité
<u>3</u> Moyennement caractéristique de ma personnalité
<u>3</u> Bien caractéristique de ma personnalité
<u>3</u> Tout à fait caractéristique de ma personnalité

Énoncé 38 : La plupart de mes amis sont des gens très émotifs.

<u>0</u> Pas du tout caractéristique de ma personnalité
<u>3</u> Parfois caractéristique de ma personnalité
<u>3</u> Moyennement caractéristique de ma personnalité
<u>3</u> Bien caractéristique de ma personnalité
<u>0</u> Tout à fait caractéristique de ma personnalité

Énoncé 39 : La plupart de mes amis sont des personnes soumises.

<u>4</u> Pas du tout caractéristique de ma personnalité
<u>4</u> Parfois caractéristique de ma personnalité
<u>4</u> Moyennement caractéristique de ma personnalité
<u>0</u> Bien caractéristique de ma personnalité
<u>0</u> Tout à fait caractéristique de ma personnalité

Énoncé 40 : La plupart de mes amis sont des gens sociables et extravertis.

<u>1</u> Pas du tout caractéristique de ma personnalité
<u>3</u> Parfois caractéristique de ma personnalité
<u>3</u> Moyennement caractéristique de ma personnalité
<u>3</u> Bien caractéristique de ma personnalité
<u>3</u> Tout à fait caractéristique de ma personnalité

Énoncé 41 : Lorsque l'un de mes amis reçoit un compliment, je me sens aussi heureuse que s'il m'avait été adressé.

0 Pas du tout caractéristique de ma personnalité
4 Parfois caractéristique de ma personnalité
4 Moyennement caractéristique de ma personnalité
5 Bien caractéristique de ma personnalité
5 Tout à fait caractéristique de ma personnalité

Énoncé 42 : Lorsque l'un de mes amis reçoit un compliment, je suis jalouse.

5 Pas du tout caractéristique de ma personnalité
3 Parfois caractéristique de ma personnalité
0 Moyennement caractéristique de ma personnalité
0 Bien caractéristique de ma personnalité
0 Tout à fait caractéristique de ma personnalité

Énoncé 43 : Si l'un de mes amis se fait insulter, c'est comme si je me faisais insulter moi-même.

0 Pas du tout caractéristique de ma personnalité
3 Parfois caractéristique de ma personnalité
3 Moyennement caractéristique de ma personnalité
5 Bien caractéristique de ma personnalité
5 Tout à fait caractéristique de ma personnalité

Énoncé 44 : Si l'un de mes amis se fait insulter, j'interviens pour le défendre.

0 Pas du tout caractéristique de ma personnalité
1 Parfois caractéristique de ma personnalité
2 Moyennement caractéristique de ma personnalité
5 Bien caractéristique de ma personnalité
5 Tout à fait caractéristique de ma personnalité

Énoncé 45 : Si l'un de mes amis se fait insulter, je garde mes distances avec lui jusqu'à ce que les choses s'arrangent.

5 Pas du tout caractéristique de ma personnalité
0 Parfois caractéristique de ma personnalité
0 Moyennement caractéristique de ma personnalité
0 Bien caractéristique de ma personnalité
0 Tout à fait caractéristique de ma personnalité

Énoncé 46 : Je suis sensible à l'opinion qu'ont les gens sur mes amis.

3 Pas du tout caractéristique de ma personnalité
3 Parfois caractéristique de ma personnalité
3 Moyennement caractéristique de ma personnalité
0 Bien caractéristique de ma personnalité
0 Tout à fait caractéristique de ma personnalité

Énoncé 47 : Je sacrifierais ma vie pour sauver un ami ou un membre de ma famille.

0 Pas du tout caractéristique de ma personnalité
1 Parfois caractéristique de ma personnalité
2 Moyennement caractéristique de ma personnalité
4 Bien caractéristique de ma personnalité
5 Tout à fait caractéristique de ma personnalité

Énoncé 48 : Je sacrifierais ma vie pour sauver un membre de ma famille mais pas un ami.

0 Pas du tout caractéristique de ma personnalité
1 Parfois caractéristique de ma personnalité
2 Moyennement caractéristique de ma personnalité
4 Bien caractéristique de ma personnalité
5 Tout à fait caractéristique de ma personnalité

Énoncé 49 : Je sacrifierais ma vie si quelqu'un offrait un million de dollars à ma famille et à mes amis.

5 Pas du tout caractéristique de ma personnalité
0 Parfois caractéristique de ma personnalité
0 Moyennement caractéristique de ma personnalité
0 Bien caractéristique de ma personnalité
0 Tout à fait caractéristique de ma personnalité

Énoncé 50 : Je crois à la revanche : œil pour œil, dent pour dent.

0 Pas du tout caractéristique de ma personnalité
4 Parfois caractéristique de ma personnalité
0 Moyennement caractéristique de ma personnalité
0 Bien caractéristique de ma personnalité
0 Tout à fait caractéristique de ma personnalité

Énoncé 51 : Si quelqu'un agressait ou frappait l'un de mes amis, j'irais me battre pour lui, même si je ne suis pas très forte.

0 Pas du tout caractéristique de ma personnalité
1 Parfois caractéristique de ma personnalité
1 Moyennement caractéristique de ma personnalité
5 Bien caractéristique de ma personnalité
5 Tout à fait caractéristique de ma personnalité

Énoncé 52 : Je respecte beaucoup les gens qui passent leur vie à aider les autres. J'aimerais moi aussi aider les autres autant que possible.

0 Pas du tout caractéristique de ma personnalité
0 Parfois caractéristique de ma personnalité
2 Moyennement caractéristique de ma personnalité
5 Bien caractéristique de ma personnalité
5 Tout à fait caractéristique de ma personnalité

Énoncé 53 : Si je le pouvais, je ferais quelque chose pour empêcher tous les animaux d'être chassés ou blessés. Je crois que les animaux souffrent et qu'ils ont aussi des sentiments.

0 Pas du tout caractéristique de ma personnalité
0 Parfois caractéristique de ma personnalité
2 Moyennement caractéristique de ma personnalité
5 Bien caractéristique de ma personnalité
5 Tout à fait caractéristique de ma personnalité

Énoncé 54 : Je trouve que tous les bébés sont mignons.

0 Pas du tout caractéristique de ma personnalité
3 Parfois caractéristique de ma personnalité
3 Moyennement caractéristique de ma personnalité
3 Bien caractéristique de ma personnalité
3 Tout à fait caractéristique de ma personnalité

Énoncé 55 : Si l'on m'offre un cadeau qui ne me plaît pas ou qui n'est pas assez bien pour moi, je vais m'en moquer devant la personne qui me l'a offert.

5 Pas du tout caractéristique de ma personnalité
3 Parfois caractéristique de ma personnalité
0 Moyennement caractéristique de ma personnalité
0 Bien caractéristique de ma personnalité
0 Tout à fait caractéristique de ma personnalité

Étant donné qu'un garçon comme Edward est amoureux d'une fille comme Bella, il vous faut évidemment posséder certaines de ses qualités pour avoir une chance de séduire quelqu'un du même profil. Inutile de chercher à être exactement comme elle – ce qui serait de toute façon impossible –, mais vous devrez au moins être sensible, attentionnée et vive d'esprit.

Maintenant que vous savez tout cela, vous allez pouvoir découvrir si vous êtes réellement compatible avec Edward Cullen ou avec quelqu'un qui lui ressemblerait. Comparez votre score total avec ceux de la grille suivante.

Score total	Êtes-vous compatible avec un garçon comme Edward ?	Commentaires
< 80	En aucun cas. Laissez tomber.	Consulter un psy pourrait s'avérer judicieux.
80-125	Il y a une petite chance pour que vous soyez compatible avec un garçon comme Edward.	Peut-être devriez-vous réfléchir à votre sensibilité vis-à-vis des autres, et recommencer ce quiz. Si votre score s'améliore au deuxième essai, vous avez une petite chance de trouver un garçon comme Edward.
126-200	Vous avez de fortes chances d'être compatible avec quelqu'un comme Edward, même si l'homme parfait pour vous ne sera peut-être pas aussi parfait que lui.	Si votre score se situe entre 150 et 200, vous avez de bonnes chances de trouver votre Edward à vous. Si votre score est inférieur, disons entre 126 et 149, vos chances sont un peu moins élevées.
> 200	Bravo ! Vous êtes tout à fait la fille qu'il faut pour un merveilleux homme vampire comme Edward ! Vous avez beaucoup de qualités en commun avec Bella Swan, en plus des vôtres.	Si votre score est supérieur à 230, vous êtes absolument parfaite pour quelqu'un comme Edward. Alors ouvrez bien les yeux en cours de biologie, car il est peut-être déjà là, tout près de vous !

ÉTABLISSEMENT DES SCORES

Au cas où vous vous demanderiez comment les points ont été fixés, en voici le détail.

Tout d'abord, la question de votre âge : si vous avez **entre 13 et 19 ans**, donnez-vous 50 points.

Si vous avez entre **6 et 12 ans**, pourquoi voulez-vous sortir avec un mec de 17 ans comme Edward ? Vous devriez plutôt essayer de vous dégoter un petit vampire de votre âge. Mais peut-être espérez-vous être avec quelqu'un comme Edward quand vous serez plus grande ? Dans ce cas, si vous avez entre 6 et 12 ans, comptez-vous tout de même 45 points : vous avez déjà bon goût en matière d'hommes.

Ensuite, si vous avez **entre 4 et 5 ans**, je me demande pourquoi vous lisez la saga *Fascination*. N'êtes-vous pas plutôt censée lire des livres plein d'images ? Quoi qu'il en soit, si vous pouvez lire des livres aussi longs et les comprendre à seulement 4 ou 5 ans, je vous accorde d'office 45 points pour récompenser votre génie.

Enfin, si vous avez **3, 2, 1 an ou moins**, je dois tout de suite dire stop. Vous êtes vraiment beaucoup trop jeune pour rêver d'être compatible avec un vampire de 17 ans. Je suis désolée, mais même si vous êtes un génie, à partir du moment où vous buvez encore au biberon, dormez dans un berceau ou portez des couches, je suis obligée de vous compter zéro pour votre âge. Oh non, ne pleurez pas ! Bon d'accord, je vous donne 10 points pour l'effort, ça va comme ça ?

Dans le sens inverse, si vous avez entre **20 et 29 ans**, comptez-vous 45 points. Vous n'êtes pas censée draguer un adolescent, mais tout comme pour les filles entre 6 et 12 ans, je peux comprendre que vous espériez rencontrer un genre d'Edward dans votre tranche d'âge. Et comme je suis de bonne humeur, je donne aussi 45 points à toutes celles entre **30 et 39 ans**.

Je dois par contre mettre le holà à partir de **40 ans et plus**. Vous êtes trop vieille pour espérer être compatible avec un vampire de 17 ans.

Pour finir, si vous avez plus de 80 ans, honte sur vous ! Vous avez un score négatif de - 5 000 points pour avoir nourri ce fol espoir avec Edward. Oh non, voilà que j'entends encore pleurer ! OK, je vais être sympa : si vous avez plus de 80 ans, peut-être voulez-vous juste un vampire, n'importe lequel, en espérant avoir la vie éternelle ? Je vous accorde 10 points dans ce cas.

Énoncé 1 : Pour être compatible avec quelqu'un comme Edward, il vous faut 4 ou 5 points à cet énoncé. La moindre des choses est d'être douce et attentionnée avec une personne aussi parfaite que lui !

Énoncé 2 : Pour être compatible avec quelqu'un comme Edward, il vous faut ici 4 ou 5 points. Si vous critiquez sans cesse les autres, évitez de sortir avec un vampire. Car n'oubliez pas qu'Edward est déjà un peu déstabilisé par le fait d'être un vampire et de devoir mener cette vie solitaire, alors pourquoi ajouter à son trouble ? Critiquer un garçon comme lui serait injuste, lui qui ne mérite que le meilleur.

Énoncé 3 : Pour être compatible avec quelqu'un comme Edward, il vous faut ici 4 ou 5 points. Le moins que l'on puisse dire est qu'Edward est un garçon compliqué, donc si vous n'êtes pas patiente, c'est la mort assurée. À moins qu'il ne vous évite ou ne vous quitte si votre comportement inconsidéré met en péril son existence. De plus, il faut avoir une bonne dose de patience pour vivre éternellement !

Énoncé 4 : Pour être compatible avec quelqu'un comme Edward, il vous faut ici 5, ou 3 points. « Quand je ne suis pas d'accord avec quelqu'un, je ne dis rien jusqu'à ce que j'aie eu le temps de réfléchir à ma réponse. » Une personne comme Bella est capable de dire ce qu'elle pense, car il faut avoir un caractère très affirmé pour pouvoir sortir avec un vampire comme Edward. Vous devriez donc vous sentir à l'aise pour dire à votre homme ce que vous pensez. Malgré tout, il faut aussi savoir préserver ses sentiments et sa fierté pour ne pas le blesser : il peut alors être judicieux de ne rien dire, même quand on n'est pas d'accord.

Énoncé 5 : Pour être compatible avec quelqu'un comme Edward, il vous faut ici 4 ou 5 points. En fonction de vos autres réponses, il est possible qu'un 2 n'anéantisse pas toutes vos chances de sortir avec Edward. L'énoncé est « J'ai tendance à pleurnicher et à trop me plaindre. » Mais si vous êtes avec un mec comme lui, il ne devrait plus y avoir trop de raisons de se plaindre !

Énoncé 6 : Pour être compatible avec quelqu'un comme Edward, il vous faut ici 4 ou 5 points. Si vous êtes souvent de mauvaise humeur et déprimée, il vaudrait beaucoup mieux vous tenir à l'écart des vampires et de leur famille. Si vous êtes plutôt d'humeur égale, vous

vous entendrez bien avec Edward. Nous sommes toutes de mauvaise humeur de temps à autre, donc si vous avez choisi « Moyennement caractéristique de ma personnalité » à cet énoncé, vous avez 2 points, ce qui n'empêchera pas les choses de marcher entre Edward et vous, en fonction de vos autres réponses.

Énoncé 7 : Pour être compatible avec quelqu'un comme Edward, il vous faut ici 4, 5 ou 3 points. L'énoncé est « Je dis toujours aux gens exactement ce que je pense d'eux. » La meilleure réponse est ici « Moyennement caractéristique de ma personnalité », car s'il est parfois bon de dire les choses en face, il est aussi souvent pertinent de ne rien dire. Par exemple, si l'une de vos amies fait 10 kg de trop, il n'est pas utile de le souligner et de la mettre mal à l'aise. Mais si cette même amie, qui est d'habitude très gentille, débarque un jour chez vous et dévaste votre chambre, il sera tout à fait justifié de lui dire que son comportement est inacceptable.

Énoncé 8 : Pour être compatible avec quelqu'un comme Edward, il vous faut ici 5 points, mais vous en aurez tout de même 3 si vous êtes « Moyennement » tolérante. Aimer un vampire signifie en effet accepter une personne très différente des autres. Vous devrez être tolérante, sans quoi la relation ne marchera pas.

Énoncé 9 : Pour être compatible avec quelqu'un comme Edward, vous devrez être capable de le défendre, et de vous défendre vous-même. Vous ne pourrez donc pas vous permettre de ne pas savoir communiquer, en général. Vous avez le droit d'être timide, mais pour mener une vie de vampire, il va falloir vous endurcir un peu, et savoir quoi dire ou ne pas dire pour garder secret votre vampirisme. Si vous êtes trop maladroite avec les humains, Edward ne sera pas en sécurité. Mais comme on a quand même le droit d'être timide, vous avez 2 points si l'énoncé « Plus souvent qu'à mon tour, il m'est difficile de savoir quoi dire aux gens » est « Moyennement caractéristique de ma personnalité ». Pour être vraiment compatible avec Edward, il vous faudrait ici un 4 ou un 5.

Énoncé 10 : Pour être compatible avec quelqu'un comme Edward, il vous faut ici 5 points. Voici l'énoncé : « Je raconte pas mal de blagues, et en général, les gens qui sont avec moi passent un bon moment de rigolade. » Un garçon comme Edward pourrait aussi bien vous aimer si vous le faites rire une fois de temps en temps, que si cela est permanent. La seule réponse qui ne remporte pas de 5 (et ce sera même un zéro), est si vous ne plaisantez et ne faites *jamais* rire personne. Edward a quand même besoin d'une fille qui lui redonne le sourire, non ?

Énoncé 11 : Pour être compatible avec quelqu'un comme Edward, il vous faut ici 5, ou 3 points. Si vous avez une âme de chef tyrannique, c'est zéro pour vous. Mais si vous avez parfois ou modérément tendance à dominer les autres et à faire à votre façon, c'est que vous êtes aussi capable de mettre de l'eau dans votre vin. Pour s'entendre avec les gens, il faut pouvoir atteindre cet équilibre. Cependant, nul besoin d'être quelqu'un de dominant pour être avec Edward, c'est pourquoi vous avez 3 points si avez répondu « Pas du tout caractéristique de ma personnalité ». De la même façon, il n'est pas non plus nécessaire d'être une carpette pour plaire à Edward, c'est pourquoi vous avez aussi 3 si vous avez choisi « Bien caractéristique de ma personnalité ». Seule la dernière réponse vous vaudra donc un zéro.

Énoncé 12 : Pour être compatible avec quelqu'un comme Edward, il vous faut ici 5 points, et rien d'autre. Vous *devez* être une personne aimante pour le mériter.

Énoncé 13 : Pour être compatible avec quelqu'un comme Edward, il vous faut 5 points à cet énoncé. Vous devriez toujours vous donner le droit d'assumer vos opinions, mais nous sommes tous plus ou moins à l'aise au moment de le faire. J'accepterai donc toutes les réponses sauf « Pas du tout caractéristique de ma personnalité ».

Énoncé 14 : Pour être compatible avec quelqu'un comme Edward, il vous faut ici 5 ou 3 points. L'énoncé est le suivant : « Je suis sportive et j'essaie de garder la forme. » Si vous devez passer l'éternité avec un vampire qui court à la vitesse de la lumière et peut sauter par-dessus des immeubles, il pourrait être utile de garder la forme. Mais nous savons bien que Bella trébuche et tombe sans cesse, Edward peut donc s'éprendre d'une fille qui ne soit pas la Miss Athlète du siècle. Si vous êtes donc un tant soit peu sportive, vous marquez 3 points. La seule réponse qui vous rendrait incompatible avec Edward est « Pas du tout caractéristique de ma personnalité. »

Énoncé 15 : Pour être compatible avec quelqu'un comme Edward, il vous faut ici 5 points. Voici l'énoncé : « Quand j'ai quelque chose à dire, je le dis tout de suite, sans hésiter. » Par chance, toutes les réponses valent un 5, excepté la première, « Pas du tout caractéristique de ma personnalité ».

Énoncé 16 : Pour être compatible avec quelqu'un comme Edward, il vous faut 5 ou 4 points à cet énoncé.

S'il vous est très difficile de vous exprimer, vous pourriez ne pas dire ce qu'il faut quand Edward et vous êtes en compagnie de simples humains, ce qui pourrait le trahir. Il est donc important d'avoir suffisamment de confiance en soi pour savoir comment s'adresser aux gens. Si vous êtes un peu timide, ce n'est pas grave, vous avez 2 points. Mais si vous êtes juste bonne à faire tapisserie, mieux vaut vous trouver quelqu'un d'autre qu'un vampire baraqué, magnifique, intelligent, bref, parfait.

Énoncé 17 : Pour être compatible avec quelqu'un comme Edward, il vous faut ici 5 ou 4 points. L'énoncé est « Quand l'émotion monte dans une discussion et que les gens ne sont pas d'accord, j'ai du mal à défendre mes opinions. » Si vous êtes sûre de n'avoir aucun problème à défendre vos opinions quelles que soient les circonstances, vous êtes une sorte de tête brûlée. Nos émotions sont toujours fluctuantes. D'un autre côté, si vous n'avez jamais le courage ou la force de défendre ce en quoi vous croyez, ou ce que vous ressentez, vous n'êtes certainement pas une personne assez forte pour être avec Edward. Toutes les réponses intermédiaires seront le signe que vous pourrez bien vous entendre avec lui.

Énoncé 18 : Pour être compatible avec quelqu'un comme Edward, il vous faut ici 5 points, mais 3 feront aussi l'affaire. L'énoncé dit « Je fais ce que je veux quand je veux. » Si cela n'est jamais vrai ou jamais faux pour vous, vous ne serez pas compatible avec beaucoup de monde. On ne peut certes pas toujours faire comme on le voudrait, mais il ne faut pas non plus se laisser marcher sur les pieds quand on n'est pas d'accord avec ce qui se passe.

Énoncé 19 : Pour être compatible avec quelqu'un comme Edward, il vous faut ici 5 points. L'énoncé est le suivant : « Personne n'a à me dire ce que je dois faire. » Seules les réponses « Bien caractéristique de ma personnalité » et « Tout à fait caractéristique de ma personnalité » valent un score de zéro. C'est le même principe qu'à l'énoncé 18 : vous ne pouvez pas n'en faire qu'à votre tête, ou bien personne ne vous aimera. Il doit y avoir au moins quelques personnes autour de vous pour vous dire quoi faire, que vous écoutez, et dont vous suivez les conseils en avouant qu'ils/elles ont raison !

Énoncé 20 : Pour être compatible avec quelqu'un comme Edward, il vous faut ici 5 ou 3 points. L'énoncé mentionne : « Je m'accommode de ce que les autres veulent faire, sans que cela ne me dérange trop. » Ceci est légèrement différent des deux énoncés précédents. Ici, si vous faites ce que les autres désirent, c'est parce que vous êtes facile à vivre et compatible avec le plus grand nombre. Cela ne veut pas dire que vous êtes la bonne poire dont tout le monde profite. Si vous avez répondu « Pas du tout caractéristique de ma personnalité », c'est zéro !

Énoncé 21 : Pour être compatible avec quelqu'un comme Edward, il vous faut ici 5 ou 3 points. L'énoncé est : « Je suis colérique. » Espérons que ce soit « Pas du tout caractéristique de ma personnalité », mais si cela vous arrive parfois, ce n'est pas trop grave.

Énoncé 22 : Pour être compatible avec quelqu'un comme Edward, il vous faut ici 5 points, mais vous en aurez tout de même 3 si vous êtes « Moyennement » tolérante. Aimer un vampire signifie en effet accepter une personne très différente des autres. Vous devrez être tolérante, sans quoi la relation ne marchera pas. C'est la même chose qu'à l'énoncé 8. Juste par curiosité, jetez un œil à l'énoncé 8 pour voir si vous avez répondu la même chose en 22 !

Énoncé 23 : Pour être compatible avec quelqu'un comme Edward, il vous faut ici 5 points. Vous pouvez être moyennement, très ou extrêmement intelligente pour être compatible avec Edward, mais cela ne fonctionnera certainement pas entre vous si vous avez le cerveau d'une huître. Certes, Bella est très intelligente et Edward est passionnément amoureux d'elle, mais peut-être pourrez-vous mettre la barre un peu moins haut avec votre Edward à vous, et lui sembler tout aussi adorable.

Énoncé 24 : Pour être compatible avec quelqu'un comme Edward, il vous faut ici 5 points. L'énoncé est le suivant : « Je suis créative. » Si vous n'avez aucune sorte de créativité, vous n'êtes probablement pas très intéressante à fréquenter ; un garçon comme Edward aura donc peu de chances de s'intéresser à vous. Mais pour toute autre réponse que « Pas du tout caractéristique de ma personnalité », vous avez 5 points. Pas besoin d'être un futur Picasso ou Rembrandt pour être avec Edward, ni de remporter des prix de poésie. Mais il faudra être assez créative pour imaginer comment se sortir de beaucoup de situations dangereuses.

Énoncé 25 : Pour être compatible avec quelqu'un comme Edward, il vous faut ici 5 ou 4 points. Rappel de l'énoncé : « Je suis belle physiquement. » Bella est décrite comme jolie, sans être particulièrement glamour. Elle évoque fréquemment la beauté physique des sœurs d'Edward. Que vous soyez plutôt mignonne ou fatalement superbe, Edward vous appréciera sûrement. N'oubliez pas que peu de filles se situent réellement en dessous de « plutôt mignonne ». Si vous vous trouvez moche, peut-être ne vous voyez-vous pas réellement comme vous êtes. Demandez à vos amis comment ils vous trouvent : je doute qu'aucun d'entre eux vous dise que vous êtes un thon. (Et si cela se produit, c'est que ça n'était pas un(e) ami(e) !)

Énoncé 26 : Pour être compatible avec quelqu'un comme Edward, il vous faut ici 5 points. La petite amie d'Edward ne peut pas se permettre d'être paresseuse. Bella est tout sauf ça : elle va en cours, bricole des motos, court avec des vampires (jusqu'en Italie !), mais elle prépare aussi les repas pour son père et s'occupe de la maison. S'il vous arrive, comme à beaucoup de personnes, d'être parfois paresseuse, vous avez 2 points.

Énoncé 27 : Pour être compatible avec quelqu'un comme Edward, il vous faut ici 5 ou 4 points. Si vous ne travaillez jamais dur, vous êtes trop fainéante pour Edward. Si vous travaillez dur parfois, ou moyennement, ça va encore, vous restez compatible avec lui – il n'a pas besoin d'une travaillomane. Cela dit, pour être aussi parfaite que Bella l'est pour Edward, il est conseillé de travailler dur assez souvent, comme elle le fait.

Énoncé 28 : Pour être compatible avec quelqu'un comme Edward, il vous faut ici 4 ou 3 points. Si vous êtes constamment dans l'excès d'émotivité, vous n'êtes pas compatible avec un vampire. Vous allez trahir son identité et mettre sa vie en péril. Et si vous n'avez jamais d'émotions, qui tombera amoureux de vous ? Par conséquent, toutes les réponses intermédiaires, c'est-à-dire entre tout et rien, sont bonnes.

Énoncé 29 : Pour être compatible avec quelqu'un comme Edward, il vous faut ici 5 points. L'énoncé est « Je suis plutôt soumise. » Il faut savoir se défendre avec des vampires. Donc, si vous êtes quelqu'un de soumis, il y a peu de chances que vous plaisiez à un Edward.

Énoncé 30 : Pour être compatible avec quelqu'un comme Edward, il vous faut 3 points à cet énoncé. La seule réponse à avoir un zéro est : « Pas du tout caractéristique de ma personnalité. » Il faut être un minimum sympathique pour être avec les autres. Si vous êtes froide et fermée, personne ne voudra de votre compagnie, pas même vos copines.

Énoncé 31 : Pour être compatible avec quelqu'un comme Edward, il vous faut ici 5 ou 4 points. L'énoncé est : « La plupart des mes amis sont nerveux et s'inquiètent d'un rien. » Si cela vous ressemble bien ou tout à fait, vous savez déjà comment gérer des personnes étranges, nerveuses, inquiètes et imprévisibles. Vous devriez donc bien vous en sortir dans vos pérégrinations à travers l'éternité lorsque vous croiserez vampires, loups-garous et autres morts-vivants, sans parler des mortels hystériques qui se font attaquer par les précédents. Si vos amis sont moyennement nerveux et inquiets, vous pourrez peut-être vous adapter à l'environnement social d'Edward. Mais s'ils ne le sont pas du tout, vous n'avez aucune chance de vous en tirer avec des vampires, des loups-garous ou tout autre mort-vivant : soit ils vous mangeront toute crue, soit ils vous boiront jusqu'à ce que mort s'ensuive.

Énoncé 32 : Pour être compatible avec quelqu'un comme Edward, il vous faut 5 points. Si la plupart de vos amis sont des gens tolérants, vous avez passé votre vie entourée de personnes respectueuses, compréhensives et compatissantes. Ils comprendront que vous tombiez amoureuse d'un vampire, tout comme les véritables amis de Bella comprennent son amour pour le vrai Edward. S'ils ne sont que moyennement tolérants, vous avez tout de même eu de la chance de tomber sur des gens bien, ce qui vous vaut un 3 car nombre d'entre eux accepteront cette relation avec un vampire. Ceux qui sont tolérants parmi vos amis ne devraient logiquement pas trahir Edward pour le mettre en danger. Et si vous ne connaissez par de gens tolérants, eh bien changez d'amis !

Énoncé 33 : Pour être compatible avec quelqu'un comme Edward, il vous faut 5 points. L'énoncé dit : « La plupart de mes amis sont des gens intelligents. » Que vos amis soient intelligents ou non, vous n'êtes vous-même digne du nom d'amie que si vous les estimez intelligents. Quel soi-disant ami traiterait les siens d'idiots ? En conséquence, si cela vous semble tout à fait, bien ou moyennement caractéristique de votre personnalité d'avoir des amis intelligents, vous décrochez 5 points, et bravo, vous êtes quelqu'un de bien. Par contre, si cela vous ressemble peu ou pas du tout, soit vous choisissez très mal vos amis, soit vous êtes d'une arrogance inouïe ! Sachez qu'Edward mérite une fille qui possède un peu d'humilité et qui traite correctement ses amis.

Énoncé 34 : Pour être compatible avec quelqu'un comme Edward, il vous faut 5 points. L'énoncé est le suivant : « La plupart de mes amis sont des gens créatifs. » Comme au paragraphe précédent, honte sur vous si vous avez répondu que cela n'était pas du tout caractéristique de votre personnalité ! Certains de vos amis sont certainement plus créatifs que vous ne le croyez. Pour toute autre réponse, vous avez 5 points. De toute façon, le degré de créativité de vos amis n'est pas vraiment crucial, car c'est de vous que votre vampire est amoureux, et tant que vous serez assez créative pour le rendre heureux et le préserver des tracasseries du monde des humains, peu importe que vos amis ne soient pas des stars en poésie, en arts plastiques ou en musique classique.

Énoncé 35 : Pour être compatible avec quelqu'un comme Edward, il vous faut 5 points. L'énoncé est : « La plupart de mes amis sont beaux physiquement. » Comme aux deux énoncés précédents, il n'y a pas de quoi être fière si vous avez répondu que cela n'était pas du tout caractéristique de votre personnalité ! Certains de vos amis sont probablement plus beaux que vous ne voulez le dire. Pour toute autre réponse, vous avez 3 points. Quoi qu'il en soit, la beauté de vos amis importe peu. Edward est avec vous, pas avec eux : tout ce qui compte, c'est que *vous* lui plaisiez.

Énoncé 36 : Pour être compatible avec quelqu'un comme Edward, il vous faut 4 ou 5 points. Voici l'énoncé : « La plupart de mes amis sont des gens ennuyeux. » La bonne réponse sera évidemment « Pas du tout caractéristique de ma personnalité », ou à la rigueur « Parfois caractéristique de ma personnalité ». Si vos amis sont des personnes ennuyeuses, c'est que vous n'êtes pas capable de choisir les bonnes personnes autour de vous. Si vous passez du temps avec des gens ennuyeux, cela peut aussi indiquer un manque d'estime de vous-même, sans quoi vous fréquenteriez des gens plus intéressants. Pourquoi un mec aussi parfait qu'Edward irait-il s'embêter avec une fille qui a une si piètre opinion d'elle-même ?

Énoncé 37 : Pour être compatible avec quelqu'un comme Edward, il vous faut 3 points. L'énoncé dit « La plupart de mes amis travaillent dur. » Cela n'a guère d'importance. Un garçon ne tombera pas amoureux de vous selon que vos amis soient des bûcheurs ou non. Encore une fois, c'est de *vous* qu'il tombe amoureux. La seule réponse peu adaptée ici serait quand même « Pas du tout caractéristique de ma personnalité », car si *tous* vos amis sont d'incroyables fainéants, soit vous ne vous souciez pas beaucoup d'eux, soit vous les choisissez peu dignes de vous.

Énoncé 38 : Pour être compatible avec quelqu'un comme Edward, il vous faut 3 points. L'énoncé est le suivant : « La plupart de mes amis sont des gens très émotifs. » Si en effet la majorité des gens de votre entourage se sentent constamment sous tension, probablement êtes-vous vous-même une centrale électrique en puissance. Si vos amis hurlent et pleurent à la moindre occasion, vous n'êtes pas en bonne compagnie, ce qui vous vaut zéro. Un type bien comme Edward n'a pas besoin de ce genre de migraine. D'un autre côté, s'il n'est « Pas du tout caractéristique de ma personnalité » d'avoir des amis émotifs, cela signifie peut-être que vos copines ont peu d'émotions et sont aussi froides que des robots. Vous ne devez pas vous-même être une personne très sympathique si vos meilleures amies sont de vrais glaçons. Zéro dans ce cas aussi, donc. Toute autre réponse vous donne 3 points.

Énoncé 39 : Pour être compatible avec quelqu'un comme Edward, il vous faut 4 points. L'énoncé est : « La plupart de mes amis sont des personnes soumises. » Vivre avec un vampire requiert d'avoir un fort caractère. Il est peu probable que la femme idéale pour Edward se promène avec une bande de froussards soumis. Mais nous avons tous des amis qui sont ou se montrent soumis de temps à autre, vous aurez donc 4 points pour les réponses allant de « Pas du tout » à « Moyennement caractéristique de ma personnalité ».

Énoncé 40 : Pour être compatible avec quelqu'un comme Edward, il vous faut ici 3 points. Voici l'énoncé : « La plupart de mes amis sont des gens sociables et extravertis. » Nul besoin que vos amis soient des boute-en-train pour qu'un garçon comme Edward s'éprenne de vous. C'est votre personnalité qui va l'intéresser. Si vous êtes du genre austère, qui ne sourit, ne rit jamais et ne prononce jamais de paroles agréables, vous ne serez pas plus compatible avec Edward qu'avec qui que ce soit. Mais le fait d'avoir des amis d'un tempérament tranquille ne veut rien dire, car nous avons tous des amis calmes, rigolos, extravertis ou froussards. Il est normal d'avoir des amis avec des personnalités très différentes.

Énoncé 41 : Pour être compatible avec quelqu'un comme Edward, il vous faut ici 4 ou 5 points. L'énoncé mentionne : « Lorsque l'un de mes amis reçoit un compliment, je me sens aussi heureuse que s'il m'avait été adressé. » Si vous êtes une amie véritable, vous devez être heureuse lorsque vos copains ou copines reçoivent des compliments, des récompenses ou des distinctions. Comment réagiriez-vous si vous receviez une grosse récompense, ou si l'on vous disait que vous avez la meilleure note en biologie de toute l'histoire du lycée, et que votre amie se mettait à ronchonner et à vous faire la tête ? Imaginez qu'elle se mette à marmonner que ce n'est pas mérité. Il y a des chances pour que vous ne soyez plus amies très longtemps, n'est-ce pas ? Edward ne supporterait pas quelqu'un qui se comporte de cette façon. Il choisirait une personne gentille et généreuse, comme Bella (ou comme vous ?).

Énoncé 42 : Pour être compatible avec quelqu'un comme Edward, il vous faut ici 3 ou 5 points. L'énoncé est : « Lorsque l'un de mes amis reçoit un compliment, je suis jalouse. » C'est le même cas que le précédent. On ne devrait jamais être jaloux d'un ami simplement parce que quelqu'un lui fait un compliment. Je sais que nous sommes humains, et que l'on ne peut parfois s'empêcher de ressentir une pointe de jalousie, mais vous devez sentir au fond de vous-même que ce n'est pas bien. Si vous n'êtes qu'une grosse sorcière jalouse, ce sera donc zéro !

Énoncé 43 : Pour être compatible avec quelqu'un comme Edward, il vous faut 3 ou 5 points. L'énoncé avance : « Si l'un de mes amis se fait insulter, c'est comme si je me faisais insulter moi-même. » Clairement, pour être digne d'Edward, vous devriez vous sentir très mal quand un de vos amis se fait insulter. Si vous ne vous sentez pas blessée quand cela arrive, comptez-vous donc zéro. Si cela vous affecte parfois ou moyennement, vous avez 3 points, et cela signifie que vous pourriez être compatible avec un garçon comme Edward. Néanmoins, pour être parfaite pour cet homme parfait, vous devriez toujours vous sentir touchée par ce qui arrive à vos amis.

Énoncé 44 : Pour être compatible avec quelqu'un comme Edward, il vous faut 5 points. L'énoncé est le suivant : « Si l'un de mes amis se fait insulter, j'interviens pour le défendre. » La situation est très proche du cas précédent. Si vous intervenez toujours, ou presque, lorsqu'un de vos amis se fait insulter, vous méritez 5 points. Mais cet énoncé comporte une nuance avec celui d'avant : en effet, il implique que vous démarrez systématiquement au quart de tour pour prendre la défense de quelqu'un qui a été insulté, alors que l'énoncé précédent vérifiait juste votre état émotionnel dans cette situation. Vous n'étiez alors pas obligée de vous mettre à argumenter, à débattre ou à brailler sur quiconque.

Énoncé 45 : Pour être compatible avec quelqu'un comme Edward, il vous faut 5 points. L'énoncé dit : « Si l'un de mes amis se fait insulter, je garde mes distances avec lui jusqu'à ce que les choses s'arrangent. » Il n'existe qu'une seule réponse correcte à cela : « Pas du tout caractéristique de ma personnalité. » Qui oserait tenir un ami à distance juste parce qu'il s'est fait insulter ? Certainement pas quelqu'un de bien, et si vous n'êtes pas quelqu'un de bien, pas d'Edward pour vous !

Énoncé 46 : Pour être compatible avec quelqu'un comme Edward, il vous faut ici 3 points. Voici l'énoncé : « Je suis sensible à l'opinion qu'ont les gens sur mes amis. » Toutes les réponses sont bonnes sauf « Tout à fait » et « Bien caractéristique de ma personnalité ». Vous pouvez être attentive à l'opinion qu'ont les autres de vos amis, mais pas au point de remettre votre amitié en question. Bella se moque bien de ce que les gens pensent d'Edward : elle l'aime, quelle que soit l'opinion des autres à son sujet.

Énoncé 47 : Pour être compatible avec quelqu'un comme Edward, il vous faut ici 4 ou 5 points. L'énoncé est le suivant : « Je sacrifierais ma vie pour sauver un ami ou un membre de ma famille. » Je dois avouer qu'il est très difficile de répondre à cette question. Si vous étiez obligée de choisir entre sauver votre peau et celle de votre petit frère, vous choisiriez vraisemblablement de sauver la sienne plutôt que la vôtre, comme la plupart des personnes aimantes. Mais si vous deviez choisir entre la vie de votre grand-mère de 103 ans et la vôtre, que feriez-vous ? Sauveriez-vous vraiment Mamie, bien qu'elle n'en ait probablement plus pour très longtemps à vivre ? Si vous avez choisi « Tout à fait caractéristique de ma personnalité » ou « Bien caractéristique de ma personnalité », cela prouve que vous prenez en compte les différents aspects de ce dilemme, et que vous avez une conscience morale. Nous savons qu'Edward et les autres membres de la famille Cullen ont tous une grande conscience morale. Ils épargnent les humains en se nourrissant d'animaux, même s'ils reconnaissent que le sang animal est l'équivalent pour eux d'un régime végétarien pour nous. Pour être compatible avec un garçon comme Edward, il faut donc posséder un haut sens moral. Si votre meilleure amie était en train de se noyer, et que vous saviez que vous pourriez perdre la vie en la sauvant, que feriez-vous ? Personnellement, j'essaierais de la sauver. Et s'il ne s'agissait pas de votre meilleure amie mais d'une simple connaissance, ressentiriez-vous la même chose ? Vous obtenez ici des points quelle que soit votre réponse, à l'exception de « Pas du tout caractéristique de ma personnalité », qui vaut zéro. Si vous n'essayiez même pas de sauver votre mère ou votre petite sœur de la noyade, vous ne seriez pas digne d'un garçon comme Edward.

Énoncé 48 : Pour être compatible avec quelqu'un comme Edward, il vous faut 4 ou 5 points. L'énoncé est : « Je sacrifierais ma vie pour sauver un membre de ma famille mais pas un ami. » Cela ressemble à l'énoncé précédent, mais il y a une différence. Ici, l'énoncé suggère que vous ne sauveriez pas votre ami, et que vous privilégieriez votre vie plutôt que de le sauver de la noyade. Par contre, vous prendriez ce risque pour un membre de votre famille. Vous devez maintenant vous demander si vous vous jetteriez à l'eau pour secourir quelqu'un d'autre qu'un proche. Je présume que vous feriez ce qui est en votre pouvoir pour sauver votre ami, mais peut-être votre hésitation vous a-t-elle poussée à choisir de répondre « Moyennement caractéristique de ma personnalité », ce qui vous vaut 2 points. Toutes les réponses indiquant que vous tenteriez d'aider vos amis vous valent davantage de points. Si vous n'avez pas le courage d'aider qui que ce soit, famille ou amis, c'est le zéro assuré, et vous feriez mieux de vous mettre avec le premier pauvre type venu plutôt qu'avec un trésor comme Edward.

Énoncé 49 : Pour être compatible avec quelqu'un comme Edward, il vous faut ici 5 points. L'énoncé dit : « Je sacrifierais ma vie si quelqu'un offrait un million de dollars à ma famille et à mes amis. » Edward se préoccupe-t-il de l'argent et des biens matériels ? Non. C'est vrai qu'il a une belle voiture, mais par rapport à toute la richesse que possède la famille Cullen, ils ne vivent pas aussi luxueusement qu'ils le pourraient. Dans beaucoup d'histoires, les vampires habitent dans de vieilles demeures remplies d'antiquités et de beaux tableaux accumulés au fil des siècles. Ils s'habillent souvent assez bien et vivent une existence matériellement confortable. Bien sûr, ils n'obtiennent pas toute cette richesse en y sacrifiant leur vie. C'est juste que les choses s'accumulent à travers le long temps de leur existence. Edward a des principes moraux assez élevés pour ne pas respecter une fille qui serait prête à se suicider pour que sa famille décroche le pactole. Ce n'est pas une raison très valable pour mettre un terme à une vie qui aurait pu être très heureuse. De plus, pour être avec un vampire, vous êtes censée vivre éternellement, non ? Vous ne pouvez donc pas vous permettre de vous suicider. Sauver une vie est une chose, mourir pour de l'argent en est une autre.

Énoncé 50 : Pour être compatible avec quelqu'un comme Edward, il vous faut 4 points. L'énoncé est le suivant : « Je crois à la revanche : œil pour œil, dent pour dent. » Pour être honnête, je dois dire que cette idée nous traverse tous l'esprit de temps en temps. Peu d'entre nous n'y songent jamais, et peu d'entre nous agissent réellement sur ce type d'impulsion. Une réponse honnête serait donc sûrement : « Parfois caractéristique de ma personnalité. » Si vous avez répondu « Pas du tout caractéristique de ma personnalité », je ne vous crois pas ! Il vous est forcément arrivé dans votre vie de vouloir vous venger de quelqu'un, que vous l'ayez ensuite fait ou non.

Énoncé 51 : Pour être compatible avec quelqu'un comme Edward, il vous faut ici 5 points. L'énoncé est : « Si quelqu'un agressait ou frappait l'un de mes amis, j'irais me battre avec lui, même si je ne suis pas très forte. » C'est le même principe qu'aux questions précédentes : on doit toujours essayer d'aider ses amis.

Énoncé 52 : Pour être compatible avec quelqu'un comme Edward, il vous faut 5 points. L'énoncé dit : « Je respecte beaucoup les gens qui passent leur vie à aider les autres. J'aimerais moi aussi aider les autres autant que possible. » Une fois de plus, pour être avec Edward, il faut avoir envie d'aider les gens. Pensez au nombre de fois où Edward porte secours à Bella. Il passe son temps à lui sauver la vie ! Il mérite donc d'être avec quelqu'un de profondément gentil.

Énoncé 53 : Pour être compatible avec quelqu'un comme Edward, il vous faut ici 5 points. Cet énoncé est proche du dernier : « Si je le pouvais, je ferais quelque chose pour empêcher tous les animaux d'être chassés ou blessés. Je crois que les animaux souffrent et qu'ils ont aussi des sentiments. » Espérons que c'est ce que vous ressentez. Edward est certainement désolé quand il doit chasser et tuer un animal. Si vous sortez avec un vampire, et que vous en devenez un vous-même un jour pour pouvoir vivre avec lui pendant des siècles, c'est probablement aussi ce que vous ressentirez.

Énoncé 54 : Pour être compatible avec quelqu'un comme Edward, il vous faut ici 3 points. Que vous trouviez les bébés mignons ou pas n'est pas d'une importance déterminante : Edward n'a pas l'air d'être focalisé sur l'idée d'avoir des enfants. Vous avez donc 3 points quelle que soit votre réponse, sauf pour « Pas du tout caractéristique de ma personnalité », qui vous vaut zéro. Si vous n'aimez pas du tout les bébés, vous êtes un peu (beaucoup ?) bizarre, car même les vieux grincheux solitaires et endurcis trouvent parfois les bébés attendrissants.

Énoncé 55 : Pour être compatible avec quelqu'un comme Edward, il vous faut ici 3 ou 5 points. L'énoncé est le suivant : « Si l'on m'offre un cadeau qui ne me plaît pas ou qui n'est pas assez bien pour moi, je vais m'en moquer devant la personne qui me l'a offert. »

Si vous avez répondu « Pas du tout caractéristique de ma personnalité », vous êtes compatible avec quelqu'un comme Edward. Si votre réponse va au « Parfois caractéristique de ma personnalité », je devine que vous admettez par là avoir été un peu désagréable par le passé. Peut-être même le regrettez-vous. Je vous donne donc 3 points pour votre honnêteté. Toute autre réponse ne mérite qu'un bon gros zéro. Si vous êtes le genre de fille à blesser une personne juste pour avoir l'air cool devant quelqu'un d'autre, cela n'est pas très malin. Tous les cadeaux doivent être appréciés, sans quoi l'on pourrait bien arrêter de vous en offrir – ce qui serait dommage, n'est-ce pas ?

CHAPITRE 19

Fin de la saga Fascination :
LES RÉPONSES À TOUTES CES QUESTIONS QUI VOUS EMPÊCHAIENT DE DORMIR

Le quatrième et dernier tome de la saga *Fascination* de Stephenie Meyer est sorti le 2 août 2008 aux USA, et s'est immédiatement imposé comme un best-seller. Selon *Fortune Magazine*, « Le dernier de cette série de quatre livres, *Révélation*, a d'abord été tiré à 3,2 millions d'exemplaires. Le jour même de sa parution, on comptait déjà 250 000 exemplaires vendus[1]. » Je me suis moi-même rendue chez mon libraire habituel le 2 août aux environs de midi, pour découvrir qu'ils avaient déjà écoulé tout leur stock ! Les fans avaient passé commande pour être sûrs de l'avoir dès le jour de la sortie. J'eus malgré tout beaucoup de chance, car le vendeur eut pitié de moi et me vendit le seul exemplaire qu'il avait mis de côté derrière son comptoir : j'ai donc pu acheter l'unique volume du magasin qui n'avait pas été commandé !

---

1. Patricia Sellers, *Book boom : the Twilight phenomenon*, Fortune Magazine, 7 août 2008.

Le 5 août 2008, MTV annonça que le quatrième volume de la saga *Fascination* s'était vendu à plus de 1,3 million d'exemplaires dès son premier jour de sortie.

En tant que fan de *Fascination*, vous savez à quel point cette série est extraordinaire, et pourquoi elle est devenue si populaire. Stephenie Meyer a connu un succès foudroyant du jour au lendemain. En 2003, elle n'était qu'une auteure inconnue et non publiée.

C'était alors une simple femme au foyer, qui s'était mariée à l'âge de 21 ans, avec un mari comptable et trois enfants. Un jour, elle songea à raconter l'un de ses rêves : l'histoire d'une adolescente qui tombe amoureuse d'un beau et adorable garçon vampire. Finalement, ses trois premiers romans se vendirent à plus de 5,30 millions d'exemplaires, rien qu'aux États-Unis. Elle a été l'auteur le plus vendu du *New York Times* pendant plus de 140 semaines.

Les quatre livres de la saga sont basés sur une forme d'amour romantique, où la sexualité n'a pas sa place. On y trouve des baisers et des câlins, et si vous avez lu *Révélation*, comme je le présume, vous savez que Bella et Edward ont un enfant ensemble. Pourtant, leur relation semble quelque peu démodée : elle est exclusivement romantique, et l'on n'y trouve jamais de sexe, de gros mots, de drogues ou de boissons alcoolisées – ingrédients de base d'autres séries à succès pour jeunes adultes, comme les *Gossip Girls*.

Stephenie Meyer est une mère de famille mormone qui ne boit jamais d'alcool, et qui prétend n'avoir jamais regardé un seul film interdit aux moins de seize ans. Elle explique dans *Time Magazine* : « On m'a mis la pression pour que j'intègre une scène de sexe à mon livre. Mais on peut trouver ça partout ailleurs. Il est plus difficile de trouver une histoire d'amour où l'on s'attarde sur le fait de se tenir la main.

Personnellement, tout ça m'est arrivé assez tard. Pour moi, à seize ans, se tenir la main, c'était déjà énorme[1] ! » Elle déclare encore dans *Entertainment Weekly* : « Je suis bien trop trouillarde pour pouvoir lire les livres de Stephen King, comme je suis totalement incapable de lire des romans d'horreur ou d'épouvante[2] ! » Elle évite donc non seulement le sexe explicite, mais aussi toute scène où l'horreur irait au-delà d'une simple suggestion de la violence.

La bonne nouvelle pour les fans est que Stephenie Meyer pourrait revenir à la saga *Fascination* pour explorer davantage la relation entre Bella, Edward et Jacob. Le soi-disant dernier volume, *Révélation*, pourrait bien recéler les germes de nouveaux épisodes à venir[3].

Qu'y a-t-il donc de spécial dans *Révélation*, et y trouvons-nous toutes les réponses aux questions brûlantes que nous nous posions sur Bella, Edward et Jacob ? Bella devient-elle un vampire ? Bella et Edward se marient-ils pour avoir beaucoup d'enfants ? Puisque j'ai déjà mentionné le fait que Bella et Edward avaient un bébé dans *Révélation*, on devait évidemment s'attendre à un mariage au cours du livre.

Révélation diffère des trois autres romans dans sa structure : le quatrième épisode est en effet divisé en trois parties. La première partie est racontée du point de vue de Bella, la deuxième de celui de Jacob, et la troisième de nouveau de celui de Bella. J'ai été étonnée du

---

1. Ibid.
2. Gregory Kirschling, *Stephenie Meyer's "Twilight" Zone*, vu sur le site : http://www.ew.com/ew/article/0,,20049578,00.html
3. Ibid., http://www.mtv.com/movies/news/articles/1592141/story.jhtml

fait que la deuxième partie soit vue par Jacob plutôt que par Edward.

J'aurais adoré rentrer dans la tête d'Edward pour explorer ses pensées et ses sentiments sur Bella, sur le mariage et sur leur enfant. En ce qui me concerne, en tant que fan, je préfère nettement Edward à Jacob, mais d'autres lectrices ont peut-être un même niveau d'intérêt pour ces deux personnages.

Bella fête ses dix-huit ans quelques jours avant d'épouser Edward. Il n'est pas très courant pour une jeune fille américaine, en 2008, de se marier si tôt, mais cela arrive tout de même de temps en temps.

Dans le cas de Bella, il est très important qu'elle épouse Edward dès ses dix-huit ans, et qu'elle puisse ensuite être transformée en vampire. En effet, Edward restera toujours jeune, et plus elle attendra, plus elle sera un vampire âgé par rapport à son homme quand son tour viendra.

Dès les premières pages, nous apprenons que Bella et Edward sont fiancés, et que le mariage est imminent. Ils sont toujours à Forks, Jacob Black a choisi de quitter la ville – la police est à ses trousses –, et nos deux tourtereaux filent toujours le parfait amour.

Les cinquante premières pages sont très axées sur le côté romance. Les lecteurs sentent déjà que quelque chose de particulier va se produire, et que l'union de Bella et Edward les mènera forcément à une transformation, que ce soit Bella en vampire ou Edward en simple mortel. D'une manière ou d'une autre, ces deux-là seront unis pour toujours.

Le mariage est tout à fait spectaculaire, et Stephenie Meyer s'en donne à cœur joie pour nous en décrire les détails. Les noces de Bella et d'Edward me font penser aux cérémonies chics et extravagantes organisées par certaines stars du show-biz.

À ceci près, bien sûr, que dans *Révélation*, une bonne partie des invités sont des vampires et des loups-garous !

Jacob Black fait une apparition, et une énorme bataille vampires contre loups-garous s'ensuit, à cause d'une chamaillerie entre lui et Edward au sujet de Bella. Apparemment, personne ne remarque rien de tout cela – ce que je trouve plutôt surprenant –, et le mariage suit paisiblement son cours jusqu'à la fin de la journée.

Après quelque soixante-quinze pages, Bella et Edward partent pour une folle lune de miel sur l'île d'Esmée au large du Brésil. Je suis épatée par la lune de miel de Bella – surtout si je la compare avec la mienne, qui eut lieu dans la tente (datant de la deuxième guerre mondiale) de mon beau-père, que nous avions plantée en bordure du parking d'une réserve nationale. Lune de miel ou pas, je serais personnellement toujours partante pour l'île d'Esmée !

C'est donc là-bas que le couple consommera son mariage, ce qui est une autre façon de dire qu'ils ont enfin conclu ! Edward se montre d'une retenue remarquable, par rapport au temps depuis lequel il n'a pas couché avec une fille.

Son amour pour Bella est si fort qu'il est capable de mettre ses pulsions en sourdine. Il craint en effet de la blesser en lui faisant l'amour.

Une fois de plus, Edward s'avère être le petit ami idéal, avec de vrais sentiments et une attention de chaque instant à la sécurité et au bien-être de celle qu'il aime. C'est Bella qui insiste pour qu'ils couchent ensemble, jusqu'à ce qu'il cède.

Leur lune de miel est si exotique qu'on se verrait bien passer le reste de sa vie sur l'île d'Esmée. Qui ne voudrait pas d'une plage privée, d'un temps chaud juste ce qu'il faut (l'exact opposé de la froide grisaille si caractéristique du ciel de Forks), d'une mer bleue et chaude comme un bain, tout cela agrémenté par le vol coloré de perroquets ? Je suis cliente ! Pour parfaire le tableau, les visiteurs de l'île d'Esmée ont la possibilité de nager avec les tortues de mer et de faire de la plongée au milieu de poissons magnifiques. La description que nous fait Stephenie Meyer de l'île d'Esmée est celle d'un paradis tropical.

Au bout de deux semaines de lune de miel, Bella commence à se sentir fatiguée et nauséeuse. Elle voit en rêve un tout petit enfant aux yeux verts, et l'on apprend bientôt qu'elle est enceinte. Edward a un moment de panique, car il ignore ce qui peut se passer quand une femme humaine attend un bébé d'un vampire. Comme toujours, il pense par-dessus tout à protéger Bella, et qui sait ce qu'un fœtus vampire est capable d'infliger à la mère qui le porte ?

Après tout, il est déjà difficile pour une femme de donner le jour à un bébé humain ordinaire. En lisant ce passage, je me demandais si le bébé pouvait faire de Bella un vampire, et, plus important encore, si un bébé vampire pouvait arriver à terme sans dommages d'une mère humaine.

Un fœtus normal reçoit la nourriture par le placenta de sa mère. Mais un fœtus vampire a peut-être besoin uniquement d'un sang riche en fer, et si tel est le cas, comment son cerveau et ses organes internes se développent-ils ? Ces questions n'ont pas encore trouvé de réponse.

Quoi qu'il en soit, la plupart des lecteurs avaient probablement deviné que le bébé serait vampire d'une façon ou d'une autre, et que cela allait causer pas mal de complications.

Cet aspect est très présent dans la deuxième partie du livre, celle qui est racontée selon la perspective de Jacob Black. Nous y apprenons que le fœtus est effectivement très fort – si fort, en fait, qu'il pourrait aisément tuer Bella. Et il semble bien que les suppositions de Jacob soient fondées. Ayant moi-même donné naissance à deux enfants, je peux confirmer la difficulté globale du fait de porter des bébés humains dans mon ventre pendant neuf mois.

Si l'un de mes bébés avait été un vampire, je pense que je n'aurais pas survécu, et je dois dire que je suis surprise de la résistance de Bella sur toute cette période. Le fœtus vampire est énorme et se développe beaucoup plus rapidement qu'un fœtus humain. À force de s'affaiblir, Bella se retrouve petit à petit en danger de mort : son corps est incompatible avec celui du petit vampire. Beaucoup d'autres choses se produisent, bien sûr, mais vous avez déjà lu le livre, je ne vais donc pas vous le raconter de nouveau.

Au fur et à mesure que je lisais ce quatrième livre, je me doutais que l'histoire allait avoir un *happy end*, car la romance a souvent la part belle dans les histoires de vampires, et comme l'auteure n'aime pas les histoires d'horreur, elle était peu susceptible de nous entraîner vers un dénouement tragique ou horrible. J'imaginais que le bébé arriverait en bonne santé et qu'Edward allait faire de Bella un vampire pour lui sauver la vie. Je n'en étais pas sûre, bien évidemment, mais mes hypothèses allaient dans ce sens en avançant dans la troisième partie de *Révélation*.

Un fait marquant est l'imprégnation de Jacob sur Renesmée, qui rend Bella tout d'abord furieuse. Stephenie Meyer nous livre ici la réponse à l'une des questions fréquemment posée par ses fans : un loup-garou peut-il s'imprégner d'un vampire ? Dans la saga *Fascination*, la réponse est donc : oui !

Pour sauver la vie de Bella pendant la naissance de leur enfant, Edward lui injecte son « sang venimeux » dans le cœur. Le souhait de Bella est alors accompli : elle est devenue vampire. Nous assistons à sa transformation sur plusieurs pages ; son changement d'apparence et l'évolution de sa personnalité vont nous stupéfier. Au moment où elle nous décrit la métamorphose de Bella en vampire, l'écriture de Stephenie Meyer est plus belle que jamais – vive et lyrique à la fois.

Renesmée, le bébé mi-vampire mi-humain de Bella et d'Edward, est une petite fille qui naît puis grandit à une vitesse fulgurante, et fait preuve d'une intelligence étonnante.

À l'âge d'une semaine seulement, elle prononce ses premiers mots. Comme je vous l'ai dit, il se passe encore beaucoup d'autres choses dans ce quatrième livre, mais pour moi, les éléments les plus importants de *Révélation* sont la transformation de Bella en vampire, la naissance de son bébé et l'histoire d'amour entre elle et Edward. Tels sont les aspects de l'intrigue qui m'ont le plus marquée.

Dans la vague d'excitation qui a suivi la sortie de *Révélation*, on a pu lire sur Internet des commentaires évoquant la déception de certains fans. Apparemment, certains lecteurs ont été consternés par le fait que Bella ait un bébé juste après ses dix-huit ans.

D'autres encore étaient choqués par son obsession envers Edward. Anne Goodman, par exemple, écrivit le 9 août 2008 dans *The Canadian Press* que des fans demandaient le remboursement de leur livre en se plaignant vivement d'y avoir trouvé des messages anti-avortement et trop d'emphase sur la naissance de Renesmée[1].

Voici ma réponse à ces critiques sur le dernier tome de la série : tout d'abord, le fait que Bella et Edward se marient dès le début du livre ne devrait absolument pas être une surprise pour les lecteurs. Même chose pour le fait d'avoir un bébé.

Nous savons qu'Edward ne voulait pas faire de Bella un vampire : cela faisait déjà trois livres qu'il s'y opposait. Il est donc logique que la seule possibilité pour qu'il le fasse soit dans un cas où la vie de Bella serait en danger. Certes,

Stephenie Meyer aurait pu choisir bon nombre d'autres situations périlleuses lors desquelles Edward aurait été obligé de sauver la vie de sa bien-aimée en lui accordant la vie éternelle des vampires. Pour ne citer que deux exemples faciles, elle aurait pu choisir de mettre Bella en péril lors d'une bataille entre vampires, ou entre vampires et loups-garous. Mais elle a fait un choix créatif, dont je pense qu'il enrichit le thème du vampire, et pour lequel je la félicite.

De plus, étant donné la profondeur des sentiments de Bella envers Edward, il n'aurait pas été dans son tempé-

---

1. Voir : http://news.guelphmercury.com/arts/article/365065

rament de se faire avorter d'un enfant de lui. On ne fait pas passer là aux lecteurs un message anti-avortement, me semble-t-il. On leur fait juste passer le fait que Bella, qui est un personnage fictif, choisit de donner la vie à un enfant d'un genre nouveau : mi-humain, mi-vampire, ce bébé est surtout le fruit de l'amour d'Edward et de Bella.

Qui plus est, tous ceux qui ont lu les trois premiers volumes de la saga savent qu'il s'agit d'un roman d'amour et de vampires.

Et les romans d'amour traditionnels, avec ou sans vampires, ont pour sujets principaux les sentiments, l'amour, le mariage et les bébés. Dans ce genre d'histoires, les femmes mariées, qu'elles aient dix-huit ou trente ans, accordent généralement plus d'importance à leur homme qu'à toute autre chose dans leur vie.

Bien sûr, les histoires d'amour modernes peuvent être plus torrides et plus explicites, et leurs héroïnes aller de la riche voleuse de bétail à l'espionne aventureuse, en passant par l'audacieuse détective privée.

Mais comme je l'ai expliqué au début de ce chapitre, Stephenie Meyer a délibérément fait le choix de ne pas y mettre de sexe, de drogues, d'alcool, ou toutes autres choses douteuses que l'on trouve habituellement dans la plupart des séries pour jeunes adultes.

Chaque lecteur est libre de se forger son opinion sur Bella Swan, Edward Cullen, Jacob Black et l'ensemble de la saga *Fascination*.

Quoi qu'en disent les critiques, des millions et des millions de jeunes filles rêvent de rencontrer un jour un garçon comme Edward et de vivre les aventures de

Bella, ne serait-ce qu'une journée. La base formée par les fans est considérable et loyale.

Pour finir, je dois dire qu'en refermant *Révélation*, le « dernier » livre de la saga, j'ai pensé : « Ce n'est pas encore terminé. » Je parierais même que l'histoire de Bella et d'Edward ne fait que commencer...

Chez le même éditeur

Laura - Le secret d'AVENTERRA

Peter Freund

Laura Leander est une jeune fille comme les autres. Ou presque...
Intelligente, mignonne et athlétique, elle découvre le jour de ses
13 ans qu'elle a un rôle crucial à jouer dans la lutte entre le Bien et
le Mal. Dans cette première aventure, elle se lance dans la quête du
Gobelet de l'Illumination, que les forces du mal ont dérobé dans le
château du Graal à Aventerra. Aventerra est un autre monde, paral-
lèle au nôtre, où vivent les mythes, les légendes et les personnages
de contes. Laura est la seule capable de retrouver l'objet sacré.
Pour cela, elle devra découvrir ses capacités et ses pouvoirs.
Elle pourra également compter sur des alliés issus du monde
fantastique d'Aventerra et, bien sûr, sur ses amis.

**Le premier volume de la série best-seller :
plus de 5 millions d'exemplaires vendus !**

ISBN : 978-2-35288-258-9

www.city-editions.com